आधी रात का सूरज

(The Midnight Sun)

एक संघर्ष की कहानी

अर्जुन मौर्या

Copyright © 2026 by Arjun Maurya

Title: ** आधी रात का सूरज (The Midnight Sun)**

Author: Arjun Maurya

ISBN :

For permission requests, contact the author at:

Mail Id: mauryaarjun0987@gail.com

Instagram Id: @arjunmauryaofficial

DISCLAIMER & LEGAL NOTICE

Nature of the Work:** आधी रात का सूरज (The Midnight Sun)**

This book, titled "Adhi Rat Ka Suraj" (The Midnight Sun), is a work of creative non-fiction blended with fictional elements. While the narrative is inspired by the author's life experiences, struggles, and memories, it is fundamentally a product of artistic imagination and literary synthesis. Certain events, timelines, and dialogues have been fictionalized, dramatized, or altered for narrative flow and creative expression.

Character & Name Identification:

The names, characters, places, incidents, and entities mentioned in this book are either products of the author's imagination or used in a fictitious manner. Any resemblance to actual persons, living or dead, including relatives or acquaintances of the author, or actual events and locales is purely coincidental. The author explicitly states that the portrayal of familial relations or past events is a subjective artistic interpretation and does not claim to be an absolute historical or factual record.

Non-Defamation & Intent:

The primary objective of this work is to inspire and provide a literary portrayal of human perseverance. It is not the intent of the author to defame, insult, or hurt the sentiments of any individual, family, community, religion, or organization. Furthermore, the depiction of administrative roles, government offices, or any official capacity is intended for storytelling purposes and does not seek to undermine the integrity, authority, or reputation of any public office or institution.

Limitation of Liability & Indemnity:

The author shall not be held liable for any perceived emotional distress or grievance caused by the interpretation of this work. Readers are advised that the story is a subjective blend of reality and fiction. By proceeding to read this book, the reader acknowledges and accepts this premise.

Mandatory Dispute Resolution & Jurisdiction:

In the event of any grievance, concern, or dispute regarding the content of this book, the aggrieved party is mandatorily required to contact the author directly for an amicable resolution before seeking any external legal remedy. Litigation is strictly discouraged as a primary step.

Governing Law:

Any legal proceedings or disputes arising out of or in connection with this publication shall be subject to the exclusive jurisdiction of the courts in Prayagraj (Allahabad), Uttar Pradesh, India, regardless of where the reader is located or where the book was purchased.

Apology:

If any part of this story inadvertently causes discomfort or emotional distress to any individual or relative, the author offers a sincere apology, reiterating that such an effect was never intended.

समर्पण (Dedication)

यह कृति सादर समर्पित है...

• अपने पूज्य माता-पिता, श्री राकेश कुमार मौर्य एवं श्रीमती सुनीता मौर्या के चरणों में: जिनके असीम त्याग, संघर्ष और अटूट विश्वास ने मेरी शून्य से शिखर तक की इस यात्रा को संभव बनाया।

• अपने मार्गदर्शक मामा एवं मामी, श्री नवीन कुमार मौर्य एवं श्रीमती रेशम मौर्य को: जिन्होंने उस कठिन दौर में मेरा संबल बनकर मेरे बुझते हुए सपनों को नई संजीवनी प्रदान की।

• अपने आदरणीय चाचा एवं चाची, श्री योगेश कुमार मौर्य एवं श्रीमती मनीषा मौर्या के नाम: जिनके मूक स्नेह और आशीर्वाद ने मुझे सदैव अपनी जड़ों और संस्कारों से जोड़े रखा।

सुबह के साढ़े पाँच बजे थे। जौनपुर के उस धूल भरे गाँव से शुरू हुआ सफर आज सरकारी बंगले के उस ऊँचे और सफ़ेद मेहराबदार कमरे तक पहुँच चुका था, जहाँ सन्नाटा भी एक अनुशासन में रहता था। खिड़की के भारी मखमली परदों के बीच से सूरज की एक सुनहरी किरण छनकर अर्जुन के चेहरे पर पड़ी। वह नींद और जागृति के उस संगम पर था, जहाँ बीते हुए कल की कड़वाहट और आज की सफलता का मीठा अहसास एक साथ मिलते हैं।

अर्जुन की आँखें खुलीं। छत पर धीरे-धीरे घूमता हुआ वह आधुनिक पंखा आवाज़ नहीं कर रहा था– यह उस पुराने हॉस्टल के पंखे जैसा नहीं था जो अपनी आख़िरी साँसें गिनते हुए चर्र-चर्र करता था। अर्जुन उठा और उसने अपने सामने रखे उस भारी नक्काशीदार सागवान की मेज़ पर पड़ी अपनी 'आईएएस' (IAS) की नेमप्लेट को देखा। उस पर

खुदा हुआ उसका नाम 'अर्जुन कुमार' महज़ अक्षरों का समूह नहीं था, बल्कि उन करोड़ों आंसुओं की स्याही से लिखा गया एक इतिहास था।

वह बिस्तर से उठा और बरामदे की ओर बढ़ा। जैसे ही उसके पैर संगमरमर के उस ठंडे फर्श पर पड़े, उसे एक पल के लिए मणिकर्णिका घाट की वह जलती हुई रेत और रेलवे ट्रैक के वे नुकीले पत्थर याद आए जिन्होंने कभी उसके तलवों को छलनी कर दिया था। आज फर्श पर मखमली कालीन बिछा था, पर अर्जुन के पैरों को आज भी उसी खुरदरी मिट्टी का अहसास प्रिय था।

"साहब, चाय?"

एक अर्दली, जो साफ़-सुथरी वर्दी में खड़ा था, बड़ी विनम्रता से ट्रे लेकर सामने आया। अर्जुन ने प्याली थामी। चाय की उस भीनी खुशबू में उसे अपनी माँ की उस काली चाय की याद आ गई, जिसे वह गुड़

के एक छोटे से टुकड़े के साथ पिया करता था। उसने खिड़की से बाहर झाँका।

बंगले के सामने के विशाल लॉन में ओस की बूंदें चमक रही थीं। वहाँ गेट पर दो सुरक्षाकर्मी (गार्ड) अपनी राइफलें सँभाले मुस्तैदी से तैनात थे। जैसे ही उनकी नज़र अर्जुन पर पड़ी, उन्होंने अपनी एड़ियां चटकाईं और एक कड़क सैल्यूट ठोका। अर्जुन के सीने में एक अजीब सी टीस उठी—वही सैल्यूट जो वह कभी रात की पहरेदारी करते हुए बैंक के साहब को मारता था, आज उसे लौटकर मिल रहा था। पर इस सम्मान में उसे घमंड नहीं, बल्कि अपनी ज़िम्मेदारी का भारी बोझ महसूस हुआ।

स्नान और नित्यकर्म के बाद, जब अर्जुन तैयार होकर आईने के सामने खड़ा हुआ, तो उसने अपनी सफ़ेद कड़क कमीज़ के बटनों को धीरे-धीरे बंद किया। उसने अपने जूतों की चमक देखी—ये वे जूते

नहीं थे जिन्हें वह रोज़ मिट्टी से साफ करता था। ये वे जूते थे जो अब सत्ता के गलियारों में गूँजने वाले थे।

तैयार होकर वह नीचे उतरा। पोर्टिको (गाड़ी खड़ी करने की जगह) में दो गाड़ियाँ खड़ी थीं। एक सफेद स्कॉर्पियो, जिसके ऊपर ढकी हुई लाल-नीली बत्ती अपनी शक्ति का मौन प्रदर्शन कर रही थी। ड्राइवर ने फुर्ती से दरवाज़ा खोला। अर्जुन जैसे ही पिछली सीट पर बैठा, उसे अपनी पीठ में वही पुरानी टीस महसूस हुई जो मज़दूरी के दौरान लगी चोट से पैदा हुई थी। वह टीस उसे याद दिलाती रहती थी कि वह कहाँ से आया है।

गाड़ी धीरे से आगे बढ़ी। गेट के बाहर निकलते ही सायरन की एक हल्की सी गूँज हुई—महज़ रास्ता साफ करने के लिए नहीं, बल्कि यह एलान करने के लिए कि 'न्याय का पहिया' चल पड़ा है। सड़क के

किनारे खड़ी जनता उसे श्रद्धा और उम्मीद भरी नज़रों से देख रही थी।

अर्जुन की नज़रें खिड़की के बाहर थीं। रास्ते में एक जगह सड़क बन रही थी और कुछ मज़दूर भारी पत्थर उठा रहे थे। अर्जुन ने अपनी गर्दन घुमाकर उन्हें तब तक देखा जब तक वे ओझल नहीं हो गए। उसकी उँगलियाँ अनजाने में ही अपनी हथेलियों को सहलाने लगीं, जहाँ अब छालों के निशान भले न हों, पर उनकी स्मृतियाँ अभी भी ताज़ा थीं।

गाड़ी कलेक्टरेट के विशाल गेट के भीतर दाखिल हुई। वहाँ की हर ईंट, हर फाइल और हर कर्मचारी जैसे उसके आने की प्रतीक्षा कर रहा था। गाड़ी रुकते ही गार्ड ने दरवाज़ा खोला और अर्जुन बाहर निकला। सूरज अब सिर पर आ चुका था, और उसकी रोशनी अर्जुन के चेहरे पर ऐसे पड़ रही थी मानो प्रकृति खुद उसका राजतिलक कर रही हो।

अपने ऑफिस की सीढ़ियाँ चढ़ते हुए अर्जुन ने महसूस किया कि यह केवल एक ऑफिस तक जाने का रास्ता नहीं है, बल्कि यह उन लाखों बेबसों की आवाज़ बनने का रास्ता है, जिन्हें वह पीछे छोड़ आया था। उसने चेंबर के भारी दरवाज़े को धकेला और उस ऊँची कुर्सी की ओर बढ़ा, जो आज उसका इंतज़ार कर रही थी।

कलेक्टरेट के उस विशाल गलियारे में अर्जुन के जूतों की चाप किसी सैनिक के मार्च की तरह गूँज रही थी। यह वह गूँज नहीं थी जो किसी मज़दूर के फटे जूतों से निकलती है, बल्कि इसमें वह अधिकार और गरिमा थी जिसे पाने के लिए अर्जुन ने अपनी रातों का तेल और आँखों की नींद जलाई थी। चेंबर के भारी साखू के दरवाज़े पर पीतल की एक चमकती हुई प्लेट लगी थी, जिस पर गहरे काले अक्षरों में खुदा था– 'अर्जुन कुमार, आई.ए.एस.'।

जैसे ही अर्दली ने सफ़ेद दस्ताने पहने हाथों से वह भारी दरवाज़ा खोला, भीतर की ठंडी और खुशबूदार हवा ने अर्जुन का स्वागत किया। वह कमरा किसी मंदिर के गर्भगृह की तरह शांत और भव्य था। छत से लटकते हुए आधुनिक झूमर की मद्धम रोशनी संगमरमर के फर्श पर नाच रही थी। सामने ही वह विशालकाय मेज़ रखी थी, जो सागवान की लकड़ी की बनी थी और इतनी चमकदार थी कि अर्जुन को उसमें अपना धुंधला अक्स नज़र आ रहा था। मेज़ पर करीने से सजा हुआ पेन-स्टैंड, राष्ट्रीय ध्वज का छोटा सा प्रतीक और सफ़ेद कागज़ों के ताव—सब जैसे अर्जुन की कलम का स्पर्श पाने को आतुर थे।

कमरे के कोने में लगा एयर-कंडीशनर (AC) इतनी ख़ामोशी से चल रहा था कि उसकी आवाज़ सुनाई नहीं देती थी, बस एक सुखद शीतलता थी जो शरीर को नहीं, बल्कि उन पुराने घावों को सहला रही थी

जो जेठ की दुपहरी में पत्थर तोड़ते हुए मिले थे। अर्जुन अपनी उस ऊँची, मखमली और घूमने वाली कुर्सी के पास जाकर ठिठक गया। उसे याद आया वह दिन, जब वह घंटाघर के चौराहे पर बैठने के लिए एक फटे हुए बोरे की तलाश करता था। आज यह राजसी कुर्सी उसका इंतज़ार कर रही थी।

तभी कमरे का दरवाज़ा धीरे से खुला और जिले के आला अधिकारियों का एक जत्था भीतर दाखिल हुआ। सबके हाथों में ताज़े गुलाबों और रजनीगंधा के फूलों के गुलदस्ते थे। फूलों की वह भीनी-भीनी महक पूरे कमरे में फैल गई। एक-एक करके सबने अर्जुन को गुलदस्ते भेंट किए। फूलों का वह कोमल स्पर्श अर्जुन की उन हथेलियों को सहला गया, जो कभी लोहे के गाटर उठाने से पथरा गई थीं। सम्मान के उन शब्दों और मुस्कुराहटों के बीच अर्जुन की आँखें कुछ और ही तलाश रही थीं।

अचानक दरवाज़े पर कुछ परिचित परछाइयाँ उभरीं। अर्जुन की धड़कनें तेज़ हो गईं।

राधेश्याम, किशन, बृजेन्द्र, संदीप और अंकुर–वे पाँचों योद्धा आज उस वीआईपी ऑफिस की चौखट पर खड़े थे। वे वही पुराने दोस्त थे, पर आज उनके लिबास बदल चुके थे। कोई खाकी वर्दी में था, तो कोई प्रशासनिक सूट में। वे अपनी अपनी सफलता की चमक लिए आज अपने 'चाणक्य' के दरबार में आए थे।

कमरे में एक अजीब सा सन्नाटा छा गया। अधिकारियों की भीड़ एक तरफ हो गई और ये दोस्त एक-दूसरे के आमने-सामने थे। उन सबकी आँखों में वह पुराना बनारस, वह मणिकर्णिका की आग, वह आलू-मटर की सादी सब्जी और वह रेलवे ट्रैक की काली रातें एक साथ तैर गईं।

अंकुर ने अपनी आँखों के कोनों को पोंछा और मुस्कुराते हुए बोला, "अरे भाई! अब तो कुर्सी पर बैठो, वरना हमें यकीन कैसे होगा कि हमारा अर्जुन अब सच में 'साहब' बन गया है?"

अर्जुन की मुस्कुराहट में एक ऐसी करुणा और तृप्ति थी जो केवल महान संघर्षों के बाद आती है। वह धीरे से अपनी उस ऊँची कुर्सी पर बैठा। जैसे ही उसने कुर्सी का स्पर्श महसूस किया, उसे लगा कि वह केवल एक व्यक्ति नहीं बैठा है, बल्कि उसके साथ वे तमाम मज़दूर, वह बीमार पिता और वह सिलाई मशीन चलाती माँ भी उस कुर्सी पर बैठ गई है।

उसने मेज़ पर रखे उस भारी 'कॉलिंग बेल' को देखा। उसकी उँगलियाँ उस पर कांप रही थीं। उसने अपने दोस्तों की ओर देखा और फिर उस ख़ाली डायरी की ओर, जिसका पहला पन्ना अब पलटने

वाला था। मुंशी प्रेमचंद के शब्दों में कहें तो, "आज वैभव का सूरज अपनी पूरी तपन के साथ उदित हुआ था, पर उसकी किरणों में घमंड की गर्मी नहीं, बल्कि सेवा की शीतलता थी।"

अर्जुन ने गहरी साँस ली, चश्मा ठीक किया और अपने दोस्तों से कहा, "बैठो भाइयों, आज यह कुर्सी और यह कमरा हमारा नहीं, उन सबका है जिन्हें दुनिया 'बेबस' कहती है।"

उसके बाद जब दोस्त मिल कर सब अपने अपने कम पर चले गए तब उसने देखा की उसके दफ्तर मैं फ़ाइलो की ढेर जमी थी

अर्जुन का वह विशाल दफ्तर भी अब केवल फाइलों का ढेर नहीं, बल्कि बदलाव की एक जीती-जागती प्रयोगशाला बन चुका था। मेज पर रखी उस कांच की भारी तख्ती के नीचे दबे हुए नक्शे और योजनाएँ

अर्जुन की उन रातों की गवाह थीं, जो उसने जागकर काटी थीं।

वह सुबह अर्जुन के लिए कुछ विशेष थी। उसके चेहरे पर एक ऐसी चमक थी जो केवल बड़े संकल्पों के सिद्ध होने पर आती है। उसने धीरे से अपनी उस फाउंटेन पेन की टोपी खोली, जिसकी स्याही की महक उसे हमेशा सचेत रखती थी।

अर्जुन के सामने आज तीन बड़ी फाइलें रखी थीं, जो इस जिले की तकदीर बदलने वाली थीं। उसने पहली फाइल उठाई– 'प्रकल्प: श्रम-शक्ति'। यह एक ऐसी डील थी जिसे बड़े-बड़े उद्योगपति और विदेशी निवेशक हफ्तों से चर्चा में रखे हुए थे। अर्जुन ने एक झटके में उस फाइल को खोला।

उसने निर्णय लिया था कि जिले के उस बंजर इलाके में, जहाँ पानी की एक बूंद के लिए लोग तरसते थे, वहां एक विशाल 'इंडस्ट्रियल कॉरिडोर'

खड़ा किया जाएगा। यह महज़ कारखानों का जाल नहीं था, बल्कि अर्जुन का एक ऐसा समझौता था जिसमें उसने शर्त रखी थी कि यहाँ काम करने वाले ८०% लोग इसी मिट्टी के बेटे होंगे।

"साहब, इस डील में रिस्क बहुत है। बड़े ठेकेदार नाराज़ हो सकते हैं," उसके सचिव ने धीरे से टोकना चाहा।

अर्जुन ने चश्मा अपनी नाक पर टिकाया और उसकी आँखों में वह दृढ़ता उभरी जो बरसों की तपस्या से आती है। उसने शांत स्वर में कहा, "जहाँ गरीब का पसीना मिट्टी में मिलकर सोना न बना सके, वहाँ की तरक्की महज़ एक दिखावा है। दस्तखत करो, हम इस बंजर ज़मीन को रोज़गार का मंदिर बनाएंगे।"

उसने दूसरी फाइल उठाई– 'नगर-नियोजन: २.०'। यह शहर के उस पुराने और संकरे हिस्से को नया

रूप देने की डील थी, जहाँ गन्दगी और अंधेरे का साम्राज्य था। अर्जुन ने शहर के सबसे बड़े बिल्डरों के साथ एक ऐसी संधि की, जिसमें मुनाफा कम और 'मानवता' अधिक थी। उसने तय किया कि शहर के बीचों-बीच एक ऐसा 'पब्लिक पार्क और पुस्तकालय' बनेगा, जहाँ रात को भी रोशनी वैसी ही होगी जैसी दिन में होती है।

उसका तीसरा और सबसे बड़ा निर्णय था– 'डिजिटल मंडी'। अर्जुन ने तकनीक की अपनी पुरानी समझ का इस्तेमाल करते हुए एक ऐसी डील फाइनल की, जिससे बिचौलिए खत्म हो गए। अब किसान का अनाज सीधे बड़े बाजारों तक पहुँचने वाला था। जब उसने इस फाइल पर अंतिम हस्ताक्षर किए, तो कमरे में एक अजीब सी खामोशी छा गई। यह खामोशी उस क्रांति की आहट थी जो जल्द ही सड़कों पर दिखने वाली थी।

हस्ताक्षर करने के बाद अर्जुन अपनी कुर्सी से उठा और उस विशाल खिड़की के पास जाकर खड़ा हो गया जहाँ से पूरा शहर फैला हुआ नज़र आता था। नीचे कतार में खड़ी गाड़ियाँ, गेट पर तैनात संतरी और गलियारों में फाइलों को सीने से चिपकाए भागते कर्मचारी–यह सब अर्जुन के एक इशारे पर चलायमान थे।

तभी अर्दली ने एक चाँदी की ट्रे में ताज़ा कटे हुए फलों का कटोरा रखा। अर्जुन ने एक टुकड़ा उठाया, पर उसका ध्यान उस स्वाद पर नहीं, बल्कि उन 'आँकड़ों' पर था जो अब हकीकत बनने वाले थे। उसने अपने हाथ में थामी उस सुनहरी कलम को गौर से देखा। यह कलम अब केवल दस्तखत नहीं करती थी, यह तो उन हज़ारों घरों के चूल्हों में आग जलाने का माध्यम बन चुकी थी।

उस वीआईपी दफ्तर की दीवारों पर टंगी घड़ी टिक-टिक कर रही थी, पर अर्जुन के लिए समय ठहर गया था। उसने महसूस किया कि सत्ता और अधिकार का असली सुख लाल बत्ती की गाड़ी में नहीं, बल्कि उन फैसलों में है जो बंद कमरों से निकलकर ज़मीन पर हरियाली लाते हैं।

अर्जुन की मेज पर अब गुलदस्ते नहीं, बल्कि वे 'प्रोजेक्ट रिपोर्ट्स' थीं जो उसके विज़न का हिस्सा थीं। उसने एक गहरी सांस ली और अपने दोस्तों की ओर देखा जो सोफे पर बैठे उसे बड़े गर्व से निहार रहे थे। अर्जुन की मुस्कुराहट में आज एक ऐसा ठहराव था जो केवल उन लोगों को मिलता है जो जानते हैं कि उन्होंने इतिहास के पन्नों पर अपना नाम नहीं, अपना 'कर्म' लिख दिया है।

दफ्तर की उस आलीशान और ठंडी दुनिया में अर्जुन अभी अपनी उन बड़ी फाइलों और कागजी समझौतों की सफलता का आनंद ले ही रहा था कि अचानक बाहर के गलियारे से एक कराहती हुई आवाज़ भीतर तक छनकर आई। अर्जुन का ध्यान उन सुनहरे प्रोजेक्ट्स से हटकर उस भारी दरवाज़े की ओर चला गया। उसने अर्दली को इशारा किया, "बाहर कौन है? उन्हें भीतर आने दो।"

जैसे ही साखू का वह भारी किवाड़ खुला, वीआईपी ऑफिस की चमक-धमक के बीच एक ऐसा दृश्य उभरा जिसने वहाँ की सारी रौनक को एक पल में फीका कर दिया। एक बूढ़ा जोड़ा, जिनकी कमर वक्त की मार और गरीबी के बोझ से झुककर कमान हो चुकी थी, कांपते कदमों से भीतर दाखिल हुआ। उनके कपड़े जगह-जगह से फटे थे और गर्द-गुबार में सने थे। बूढ़े के हाथ में एक मुड़ा-तुड़ा,

मैला सा कागज़ था, जिसे उसने अपनी जान से भी ज़्यादा सँभालकर रखा था।

बूढ़ी औरत ने जब कमरे के उस वैभव, उस चमकते हुए संगमरमर और साहब की उस ऊँची कुर्सी को देखा, तो वह डर के मारे ठिठक गई। उसके चेहरे की झुर्रियों में न जाने कितने बरसों का सूखा और आँखों में एक ठंडी बेबसी जमी थी। वे दोनों कमरे के बीचों-बीच खड़े ऐसे लग रहे थे मानो किसी भव्य महल में दो सूखे हुए पत्ते हवा के झोंके से आ गिरे हों।

अर्जुन का हृदय उस दृश्य को देखकर जैसे धक से रह गया। उसने अपनी वह कीमती फाउंटेन पेन मेज़ पर रख दी। कमरे में मौजूद बाकी अधिकारी उन बूढ़ों को हिकारत और झिझक भरी नज़रों से देख रहे थे, मानो वे उस वीआईपी कमरे की पवित्रता को भंग कर रहे हों।

"साहब... हमनी के बहुत दूर से आइल बानी जा," बूढ़े की आवाज़ थरथराई। उसके सूखे होंठ कांप रहे थे। "गाँव का दबंग हमार ज़मीन हड़प लिहलेस, अब हम कहाँ जाईं? पेट की आग बुझाएं कि सिर छिपाने की जगह ढूँढें?"

बूढ़ी औरत ने अपनी फटी हुई साड़ी के पल्लू से आँखों की नमी को पोंछा और बिलखते हुए बोली, "लल्ला, हमार बेटा शहर गया कमाने, फिर कभी नहीं लौटा। अब इस बुढ़ापे में इस कागज़ के टुकड़े के सिवा हमारा कोई नहीं है।"

अर्जुन अपनी उस मखमली कुर्सी पर और अधिक नहीं बैठ सका। सत्ता का वह सारा गर्व, वह लाल-नीली बत्ती की हनक, सब जैसे कपूर की तरह उड़ गई। वह तुरंत अपनी कुर्सी से उठा—वही कुर्सी जिसे पाने के लिए उसने अपनी रातें जलाई थीं—और उन बूढ़ों के पास जाकर खड़ा हो गया।

वहाँ मौजूद सचिवों और गार्ड्स के लिए यह अचरज की बात थी। एक 'आईएएस' अफसर उस ऊँची कुर्सी को छोड़कर ज़मीन पर उन फटे-हाल बूढ़ों के पास खड़ा था। अर्जुन ने बहुत ही विनम्रता से उन बूढ़े दादा का वह खुरदरा और मिट्टी से सना हाथ थाम लिया। जैसे ही अर्जुन की उँगलियों ने उस बूढ़े की सख्त हथेलियों को छुआ, उसे अपनी पुरानी मजदूरी के वे छाले याद आ गए। उन हथेलियों में उसे अपना बीता हुआ कल महसूस हुआ।

"बाबा, आप परेशान मत होइए। आप यहाँ कुर्सी पर बैठिए," अर्जुन ने उन्हें सहारा देकर पास रखे सोफे पर बिठाया।

अर्जुन का यह व्यवहार देख पूरा दफ्तर सन्न था। वह अर्जुन, जो कुछ देर पहले हज़ारों करोड़ों की डील्स फाइनल कर रहा था, आज एक बेबस जोड़े के

सामने किसी सगे बेटे की तरह झुका हुआ था। उसने अपने हाथों से उन्हें पानी का गिलास पकड़ाया।

जैसे ही उस बूढ़े ने पानी का घूँट भरा और अर्जुन की आँखों में देखा, अर्जुन को लगा कि यह वही नज़र है जो कभी उसके पिता की हुआ करती थी जब वे मज़दूरी से लौटते थे। बूढ़े की फटी हुई कमीज़ और उसकी सिसकियों ने अर्जुन के मन के उस बंद किवाड़ पर ऐसी दस्तक दी कि वर्तमान की सारी परतें उधड़ने लगीं।

ऑफिस की वह एसी वाली ठंडक अचानक गायब हो गई। अर्जुन की आँखों के सामने उस वीआईपी कमरे की दीवारें धुंधली पड़ने लगीं। उसे अब वह साखू का दरवाज़ा नहीं, बल्कि बनारस की वह तंग गली और मणिकर्णिका घाट की वह जलती हुई चिता दिखने लगी। उसे याद आने लगा वह दिन जब वह

खुद इसी तरह एक फटी हुई अर्ज़ी लेकर कतारों में खड़ा रहता था और कोई उसकी सुनता नहीं था।

"मनुष्य चाहे कितने ही ऊँचे शिखर पर पहुँच जाए, उसकी जड़ें हमेशा उसे उस माटी की ओर खींचती हैं जहाँ से उसने जन्म लिया है।"

अर्जुन अब उस ऑफिस में नहीं था। उसकी रूह अब वर्तमान की बेड़ियाँ तोड़कर अतीत के उस अंधेरे गलियारे में दाखिल हो चुकी थी।

स्मृतियों के झरोखे खुले और अर्जुन खुद को उस पुराने आँगन में खड़ा पाया। वही कच्ची दीवारें, जहाँ से पपड़ियाँ झड़ रही थीं, और वही उदास कोना जहाँ उसके पिता अपनी फटी हुई बनियान पहने, खाँसी दबाते हुए बैठे थे।

तभी आँगन में चाची और बुआ का प्रवेश हुआ। उनके चेहरों पर वह कुटिल मुस्कान थी जो अक्सर

अपनों की बर्बादी पर और निखर आती है। बुआ ने अपनी रेशमी साड़ी का पल्लू सँभाला—वही साड़ी जो शायद दिखावे के लिए ही पहनी गई थी—और अर्जुन की ओर एक नफरत भरी नज़र डाली, जो उस वक्त अपनी फटी हुई किताब को सीने से चिपकाए कोने में बैठा था।

"अरे ओ भाभी! क्या फायदा इस लड़के को पोथी-पत्रा पढ़ाने का?" चाची की आवाज़ में मिश्री नहीं, बल्कि संखिया (ज़हर) घुला था। "बाप को देखो, उम्र बीत गई पहरेदारी करते-करते, पर नसीब की फटी चादर न सिल सकी। जेनेटिक होता है यह सब, भाभी! जो बीज बबूल का है, वह आम का फल कहाँ से देगा?"

चाची ने चूल्हे के पास बैठी अर्जुन की माँ की ओर देखकर एक ठहाका लगाया, जो आँगन की दीवार से टकराकर अर्जुन के कानों में किसी नश्तर की तरह

चुभा। बुआ ने आग में घी डालते हुए अपनी कमर पर हाथ रखा और मटकते हुए बोली, "सच कहती हो छोटी! यह लड़का भी अपने बाप की ही तरह किसी दिन किसी लाला की चौखट पर लाठी लेकर खड़ा होगा। शक्ल देखी है इसकी? वही बेबसी, वही हार! लिख कर ले लो, यह कभी सफल नहीं होगा। जिसके बाप की पूरी जिंदगी दो जून की रोटी जुटाने में निकल गई, उसका बेटा कलक्टर बनेगा? दिन में सपने देखना बंद करो भाभी, वरना बाद में रोने के लिए आंसू भी नहीं बचेंगे।"

अर्जुन ने देखा कि माँ की आँखें झुक गई थीं। उनके हाथों में पकड़ रखी वह करछुल कांपने लगी थी, पर वे कुछ बोल न सकीं। पिता ने अपनी लाठी उठाई और दबी हुई आवाज़ में बस इतना कहा, "बहन, अपनी औलाद को तो कम से कम हौसला दो..."

"हौसला नहीं, हकीकत दिखा रहे हैं भाई साहब!" बुआ ने अपनी आँखें तरेर कर कहा। "सफलता की सीढ़ियाँ चढ़ने के लिए बाप का नाम और जेब का दाम चाहिए, जो आपके पास नहीं है। यह लड़का बस आपकी ही तरह अपनी किस्मत को कोसता रह जाएगा।"

वे ताने... वे चेहरे की वक्रता... और वह अपमान का जहर अर्जुन के किशोर मन में गहरे तक धंस गया था। चाची का वह तिरस्कार भरा चेहरा और बुआ की वह ऊँची आवाज़ अर्जुन के कानों में आज भी गूँज रही थी। उसे याद आया कि कैसे वह उस रात घर के पीछे वाले अमरूद के पेड़ के नीचे छिपकर फूट-फूटकर रोया था। उसने आसमान के तारों को गवाह मानकर अपनी मुट्ठियाँ भींच ली थीं।

उस वक्त उसने खुद से वादा किया था कि वह इन तानों को पत्थर बनाकर अपनी सफलता की इमारत खड़ा करेगा।

अचानक, ऑफिस में रखे पानी के गिलास के टकराने की आवाज़ ने अर्जुन को वर्तमान में खींच लिया। उसने अपनी पलकें झपकाईं। सामने वही बूढ़ा जोड़ा बैठा था, पर अर्जुन को अब उनमें केवल फरियादी नज़र नहीं आ रहे थे; उसे उन बूढ़े चेहरों में अपने पिता की वह बेबसी और माँ की वह लाचारी नज़र आ रही थी जो चाची-बुआ के तानों के सामने ढाल बनकर खड़ी रही थी।

अर्जुन का हाथ अनजाने में ही अपनी मेज़ पर रखी उस 'आईएएस' की नेमप्लेट पर गया। उसने महसूस किया कि आज वह केवल एक अधिकारी नहीं है, बल्कि वह उन तमाम तानों का एक जीवित जवाब है।

अर्जुन के कक्ष में पसरा हुआ वह सन्नाटा अब केवल एक मौन नहीं था, बल्कि वह स्मृतियों का एक गहरा सागर बन चुका था जिसमें अर्जुन डूबता जा रहा था। जब उसकी उंगलियां उस ठंडी, नक्काशीदार 'आईएएस' की नेमप्लेट पर थमीं, तो वह स्पर्श उसे वर्तमान की सुखद ऊँचाइयों से खींचकर अतीत की उन तंग और अंधेरी गलियों में ले गया।

बूढ़े जोड़े की सिसकियाँ अब अर्जुन को दफ्तर के शोर जैसी नहीं, बल्कि अपने ही घर के उस पुराने आँगन में गूँजती हुई कराहों की तरह सुनाई देने लगीं। उस वीआईपी ऑफिस की आलीशान दीवारें अचानक धुंधली होने लगीं। सामने बैठे उन बेबस बुजुर्गों की आँखों का खालीपन अर्जुन के लिए एक 'टाइम मशीन' बन गया। वह देख रहा था उन बूढ़ी आँखों को, पर उसे दिखाई दे रही थी अपनी माँ की

वह फटी हुई साड़ी, जिससे वह चुपके से अपने आँसू पोंछा करती थी।

अर्जुन की पुतलियाँ स्थिर हो गईं। कमरे का वह आधुनिक एयर-कंडीशनर अपनी जगह था, पर अर्जुन को महसूस होने लगी जौनपुर की वह उमस भरी लू, जो कच्ची दीवारों से टकराकर उसके चेहरे को झुलसाती थी। उसके कानों में अब सचिवों की फुसफुसाहट नहीं, बल्कि चाची और बुआ के वे जहरीले ठहाके गूँज रहे थे जो किसी जलते हुए कोयले की तरह उसके आत्मसम्मान पर दागे गए थे।

वह पूरी तरह से अपनी सुध-बुध खो चुका था। हाथ नेमप्लेट पर था, पर मन उस पुरानी लोहे की संदूक को टटोल रहा था, जिसमें उसने अपनी फटी किताबें और अपनी गरीबी को सहेज कर रखा था। वह देख रहा था उस बूढ़े बाबा के कांपते हाथों को, पर उसे

याद आ रहे थे अपने पिता के वे खुरदरे हाथ, जो पहरेदारी की लाठी थामते-थामते पत्थर हो चुके थे।

अतीत की यादों का एक ऐसा भंवर उठा कि वर्तमान का वैभव उस धूल में कहीं खो गया। अर्जुन का शरीर तो उस मखमली कुर्सी पर था, पर उसकी रूह उस धूल भरी पगडंडी पर नंगे पाँव दौड़ रही थी, जहाँ से उसने कभी भागने का सपना देखा था। वह अब एक 'आईएएस' नहीं था, वह तो फिर से वही छोटा 'लल्ला' बन गया था, जिसके पास खोने को कुछ नहीं था और पाने को पूरा आसमान था।

स्मृतियों का वह पर्दा पूरी तरह उठ चुका था। बनारस की वह सोंधी महक, गंगा की लहरों का शोर और संघर्ष की वह पहली आहट अब उसके रोम-रोम में बसने लगी थी। वह पूरी तरह से 'फ्लैशबैक' की उस दुनिया में कदम रख चुका था, जहाँ से उसकी

कहानी का वह सिरा शुरू होता है, जिसे उसने अपनी तकदीर की सुई से सिया था।

अर्जुन ने जैसे ही उस कमरे की चौखट के भीतर कदम रखा, हवा में तैरती धूल की एक भारी परत उसके नथुनों से टकराई। वह कमरा नहीं, बल्कि उपेक्षा और सन्नाटे का एक संदूक था जो बरसों बाद खुला था। पीला बल्ब रह-रहकर टिमटिमा रहा था, मानो अपनी आखिरी सांसें गिन रहा हो। अर्जुन ने अपना पुराना बैग फर्श पर रखा, तो धूल का एक छोटा सा गुबार उठकर उसकी फटी हुई कमीज पर बैठ गया।

उसने गौर से चारों तरफ देखा। बिस्तर की चादर किसी पुराने कफन की तरह जमीन पर लटकी हुई थी, जिस पर चूहे अपनी नक्काशी छोड़ गए थे। कोने में पड़ी मेज की लकड़ी नमी पाकर फूल चुकी थी और उस पर किताबों की जगह मकड़ियों ने

अपने जालों का एक जटिल संसार बसा लिया था। छत का वह पुराना पंखा, जिसके डैने मुड़ चुके थे, चलने की कोशिश में ऐसी चीख पैदा करता था मानो कोई घायल परिंदा तड़प रहा हो।

अर्जुन के हाथों में अब झाड़ू थी, पर उसका मन कहीं और था। जैसे-जैसे वह फर्श से कचरा साफ कर रहा था, उसके माथे पर पसीने की बूंदें उभरने लगीं। वह पसीना उसकी आँखों में जाकर चुभने लगा, पर उसने हाथ नहीं रोके। हर बार जब वह धूल साफ करता, उसे जौनपुर के उस कच्चे घर की याद आती, जहाँ उसकी माँ इसी तरह घुटनों के बल बैठकर फर्श लीपती थी। उसे याद आया कि कैसे माँ की साड़ी का पल्लू हमेशा धूल से सना रहता था, और आज वही धूल अर्जुन की तकदीर का हिस्सा बन रही थी।

दीवारों पर जमी काई और सीलन के धब्बों को देखते हुए अर्जुन को लगा कि ये धब्बे नहीं, बल्कि

उन छात्रों की नाकामियों के निशान हैं जो इस कमरे में उससे पहले रहकर गए होंगे। क्या उसका भविष्य भी इन्ही दीवारों के बीच दम तोड़ देगा? यह विचार आते ही उसके हाथों की पकड़ झाड़ू पर और मजबूत हो गई। उसने बाल्टी में पानी भरा और उन जद्दी जालों को साफ करना शुरू किया। पानी जब फर्श पर गिरा, तो सूखी मिट्टी की वह गंध उठी जो श्मशान की याद दिलाती थी, पर अर्जुन के लिए यह गंध उसके नए जीवन की शुरुआत थी।

सफाई करते-करते दो घंटे बीत गए। अर्जुन का बदन थककर चूर हो चुका था। उसकी कमीज पसीने से भीगकर शरीर से चिपक गई थी और फेफड़ों में धूल की कड़वाहट जम गई थी। उसने मेज को रगड़कर साफ किया और उस पर अपनी कुछ फटी-पुरानी किताबें सजाईं। किताबों को रखते समय उसके हाथ कांप रहे थे। उसे लगा जैसे वह मेज पर

कागज नहीं, बल्कि अपनी रूह के टुकड़े रख रहा हो। जब वह खाली कमरे के बीचों-बीच खड़ा हुआ, तो उसे महसूस हुआ कि यह कमरा अब उसका मंदिर है, जहाँ उसे अपने संघर्ष की आहुति देनी है।

खिड़की से बनारस की ठंडी हवा का एक झोंका अंदर आया, जिसमें घाटों पर जलती हुई अगरबत्तियों की हल्की सी महक घुली थी। अर्जुन ने एक लंबी सांस ली। कमरे की वह 'तबाही' अब एक 'व्यवस्था' में बदल चुकी थी। उसने मेज के कोने पर रखा अपना वह पुराना पेन उठाया, जिसकी स्याही सूख चुकी थी। उस पेन को हाथ में लेते ही उसे अपने पिता के वे खुरदरे हाथ याद आए, जिन्होंने उसे पढ़ाने के लिए पत्थर तोड़े थे।

रात गहरी हो चली थी। हॉस्टल के गलियारे में दूसरे छात्रों के ठहाकों की आवाजें गूँज रही थीं, पर इस कमरे में सिर्फ अर्जुन था और उसकी तन्हाई।

उसने एक पुरानी चादर फर्श पर बिछाई और उस पर लेट गया। तकिया नहीं था, तो उसने अपना वही भारी बैग सिर के नीचे रख लिया। उस बैग के भीतर रखी भारी किताबें अब उसके सिरहाने का सहारा थीं। नींद कोसों दूर थी, क्योंकि बंद आँखों के पीछे जौनपुर की गलियाँ, माँ की सिलाई मशीन की 'टिक-टिक' और भविष्य का धुंधला डर एक साथ तांडव कर रहे थे।

तभी बाहर से किसी ने जोर से दरवाजा खटखटाया। अर्जुन हड़बड़ाकर उठ बैठा। उसके दिल की धड़कन उस पुराने पंखे की रफ़्तार से भी तेज भागने लगी। इतनी रात गए इस अजनबी शहर में उसे कौन पुकार सकता था? क्या यह वही संघर्ष की पहली दस्तक थी जिसका अंदेशा उसे स्टेशन से ही हो रहा था?

दरवाजे पर हुई उस अचानक दस्तक ने अर्जुन के भीतर सोए हुए भय को जगा दिया था। वह डरी हुई आँखों से उस पुरानी लकड़ी के किवाड़ को ताकने लगा, जो हर चोट पर कराह उठती थी। उसे लगा शायद कोई सीनियर लड़का उसकी परीक्षा लेने आया है, या शायद इस अजनबी शहर का कोई कठोर नियम उसे डराने आ पहुँचा है। अर्जुन ने कांपते हाथों से सांकल खोली, तो सामने एक नौजवान खड़ा था। कद मंझला, सांवला रंग, और आँखों में एक ऐसी चमक जो बनारस की मस्ती और चंचलता को खुद में समेटे हुए थी।

"का यार भाई! दरवाज़ा ऐसे खोल रहे हो जैसे कोई भूत देख लिया हो?" वह लड़का खिलखिलाकर हंसा और बिना पूछे ही कमरे के भीतर ऐसे दाखिल हो गया जैसे वह बरसों से यहाँ का मालिक हो।

अर्जुन हक्का-बक्का खड़ा रहा। उस लड़के ने अपना झोला मेज पर पटका और हाथ बढ़ाते हुए बोला, "हम राधेश्याम! इसी हॉस्टल के बाशिंदे और अब तुम्हारे कमरे के हमसाये। सुना है आज जौनपुर से कोई शेर आया है, तो सोचा मिल लें।"

राधेश्याम की बातों में बनारसीपन का वह पुट था जो कड़वाहट को भी मिठास में बदल देता था। उसने कमरे का मुआयना किया और अर्जुन की मेहनत को देखकर प्रशंसा भरे लहजे में कहा, "वाह! तुमने तो इस खंडहर को मंदिर बना दिया। वरना यहाँ तो धूल का ऐसा साम्राज्य था कि इंसान अपनी शक्ल भूल जाए।"

अर्जुन ने एक फीकी मुस्कान के साथ उसका स्वागत किया। राधेश्याम की जीवंतता ने उस कमरे के भारी सन्नाटे को एक ही झटके में काट दिया था। लेकिन जैसे ही बातें रुकीं, अर्जुन के पेट के

भीतर एक अजीब सी मरोड़ उठी। वह भूख थी, जो स्टेशन से ही उसके साथ साये की तरह चल रही थी, पर जिसे उसने अपनी सफाई और थकान के पीछे दबा रखा था। अब जब काम खत्म हुआ और मन शांत हुआ, तो वह भूख नागिन की तरह डसने लगी।

राधेश्याम ने अर्जुन के मुरझाए हुए चेहरे को गौर से देखा। एक अनुभवी छात्र की तरह वह समझ गया कि इस चुप्पी के पीछे का असली दर्द क्या है। उसने खिड़की की ओर देखते हुए कहा, "दोस्त, बनारस की हवा जितनी ठंडी है, यहाँ की भूख उतनी ही आग उगलती है। दोपहर से कुछ पेट में गया है या बस हवा पीकर ही इरादे मजबूत कर रहे हो?"

अर्जुन के पास इस सवाल का कोई जवाब नहीं था। उसकी जेब में पड़े वे चंद सिक्के इतने नहीं थे कि वह किसी होटल का ठाठ कर सके, और लज्जा

इतनी थी कि वह पहली मुलाकात में ही अपनी कंगाली का इस्तहार नहीं करना चाहता था। उसने नजरें चुराते हुए कहा, "नहीं, भूख नहीं है। बस थोड़ा थक गया हूँ।"

लेकिन भूख भला कब झूठ बोलती है? राधेश्याम हंसा और बोला, "झूठ बोलना भी एक कला है भाई, पर बनारस में ये हुनर नहीं चलता। देखो, यहाँ का दस्तूर है–मिल-बाँट कर खाना और मिलकर लड़ना। मेरे पास अभी रोटियाँ तो नहीं हैं, पर एक जुगाड़ है।"

राधेश्याम ने अपने झोले से एक छोटा सा लोहे का डिब्बा निकाला और मेज के एक कोने में रखे बिजली के हीटर को चालू किया। अर्जुन उसे अचंभे से देख रहा था। उसे लगा जैसे गरीबी के उस अंधेरे में कोई उम्मीद की लौ जल उठी हो। राधेश्याम ने कुछ आलू निकाले और उन्हें काटकर उस पर थोड़ा

सा नमक छिड़का। उस पुराने हीटर पर जब वे आलू भुनने लगे, तो उनकी सोंधी खुशबू पूरे कमरे में ऐसे फैल गई जैसे किसी ने जन्नत का दरवाज़ा खोल दिया हो।

अर्जुन को अपनी माँ की याद आई। जौनपुर में जब चूल्हा जलता था, तो मिट्टी की वह महक भी ऐसी ही हुआ करती थी। उसकी आँखों के सामने माँ का वह धुंधला चेहरा घूम गया, जो उसे विदा करते समय रो पड़ी थी। "खाना समय से खा लेना लल्ला," माँ की वह पुकार अर्जुन के कानों में गूँजने लगी। आज इस अनजान शहर में, एक अजनबी लड़का उसकी भूख का साथी बन गया था।

जैसे ही भुने हुए आलुओं का वह पहला निवाला अर्जुन के मुँह में गया, उसे महसूस हुआ कि दुनिया में पेट की भूख से बड़ा कोई दर्शन नहीं है। वह गर्मी, वह नमक का स्वाद और वह राधेश्याम का

साथ–ये सब मिलकर एक ऐसी कहानी लिख रहे थे जिसका अंत अभी बहुत दूर था। अर्जुन ने महसूस किया कि संघर्ष की राह में भले ही कांटे हों, पर कहीं न कहीं कोई राधेश्याम जैसा फरिश्ता भी मिल ही जाता है जो आपके जख्मों पर मरहम लगा सके।

रात के दो बज चुके थे। हीटर की वह लाल रोशनी मेज पर रखी किताबों पर पड़ रही थी। अर्जुन और राधेश्याम ने मिलकर वह सादा सा भोजन खत्म किया। पेट की आग शांत हुई तो नींद ने दस्तक दी। अर्जुन ने खिड़की की ओर देखा, जहाँ गंगा की लहरों पर चाँद की रोशनी नाच रही थी। उसे महसूस हुआ कि आज की यह रात उसके जीवन की पहली 'आधी रात' है, जिसके बाद उसे अपना 'सूरज' ढूँढना है।

हॉस्टल की उस भारी चुप्पी से निकलकर जब अर्जुन और राधेश्याम बनारस की तंग गलियों में

दाखिल हुए, तो हवा का मिजाज़ बदला हुआ था। गलियों में गोबर की महक, पुराने कंक्रीट की सीलन और कहीं-कहीं से आती कपूर की खुशबू एक अजीब सा सम्मोहन पैदा कर रही थी। रात का एक बज चुका था, पर बनारस सोया नहीं था; वह बस एक थकी हुई गहरी सांस ले रहा था। पत्थरों के वे ऊँचे-ऊँचे मकान, जो सदियों से गंगा के प्रवाह को देख रहे थे, आज अर्जुन को अपनी ही परछाईं की तरह डरावने और विशाल लग रहे थे।

जैसे ही उनके कदम दशाश्वमेध घाट की पहली सीढ़ी पर पड़े, गंगा के विशाल विस्तार ने अर्जुन के भीतर की बेचैनी को अचानक एक खामोश लहर में बदल दिया। सामने गंगा का काला पानी ऐसे स्थिर था मानो समय खुद ठहर गया हो। दूर कहीं दूसरी ओर के रेतीले किनारों पर एक धुंधला सा सन्नाटा पसरा था। राधेश्याम चुप था, जैसे वह जानता हो

कि बनारस को सुनने के लिए जुबान का खामोश होना ज़रूरी है।

वे दोनों मणिकर्णिका घाट की ओर बढ़ चले। जैसे-जैसे वे आगे बढ़ रहे थे, दूर से आती लकड़ियों के चटकने की आवाज़ और हवा में तैरती हुई हल्की सी राख अर्जुन के चेहरे को छूने लगी। वहाँ पहुँचकर अर्जुन के कदम ठिठक गए। सामने का दृश्य जीवन और मृत्यु के उस सत्य का इश्तहार था जिसे लोग ताउम्र अनदेखा करते हैं।

घाट पर चिताएं जल रही थीं। वे आग की लपटें अंधेरे को चीरती हुई आसमान की ओर भाग रही थीं, मानो आत्माओं की आख़िरी पुकार हों। आग की उस लाल रोशनी में घाट के पत्थरों पर झुर्रियों वाले डोम राजाओं के चेहरे किसी प्राचीन मूर्ति की तरह चमक रहे थे। अर्जुन ने देखा कि कैसे एक चिता अभी राख होने ही वाली थी कि तभी दूसरी चिता के

लिए लकड़ियाँ सजाई जाने लगीं। यह एक ऐसा कारखाना था जहाँ शरीर मिट्टी में मिल रहे थे, पर आत्मा का संघर्ष निरंतर था।

अर्जुन को अचानक अपने जौनपुर वाले घर की गरीबी याद आई। उसने सोचा, 'इंसान जीवन भर जिस प्रतिष्ठा, जिस सफलता और जिस सम्मान के लिए अपनों से लड़ता है, दूसरों के ताने सहता है और रातों की नींद हराम करता है–उसका आख़िरी मुकाम बस यही राख का ढेर है? क्या इसी अंत के लिए हम दिन-रात मरते हैं?' चिता से उठने वाला वह धुआँ अर्जुन की आँखों में जलन पैदा कर रहा था, पर उस जलन से ज़्यादा पीड़ा उसके मन के भीतर उठते सवालों की थी।

वह घाट की एक ठंडी सीढ़ी पर बैठ गया। राख के कुछ कण उसकी फटी हुई कमीज पर आकर बैठ गए। उसे लगा मानो ये राख उसे चिढ़ा रही हो–

"किस बात का घमंड? किस बात का संघर्ष? अंत तो यही है।" तभी उसे अहसास हुआ कि मृत्यु के इस साम्राज्य में भी एक अजीब सी शांति है। यहाँ न कोई अमीर था, न कोई गरीब। लकड़ियों के बीच जलता हुआ वह जिस्म अब किसी पद या प्रतिष्ठा का मोहताज नहीं था।

तभी बगल में बैठे राधेश्याम ने एक पत्थर गंगा में फेंका। लहरें उठीं और फिर शांत हो गईं। राधेश्याम ने बिना अर्जुन की ओर देखे धीमी आवाज़ में कहा, "जानते हो अर्जुन, ये जो आग तुम देख रहे हो, ये सिर्फ शरीर नहीं जलाती, ये इंसान के भीतर के डर को भी जला देती है। जिसे यहाँ की राख की सच्चाई समझ आ जाए, उसे फिर दुनिया के किसी ताने से डर नहीं लगता।"

अर्जुन ने गहरी साँस ली। उस घाट की आंच उसके चेहरे को झुलसा रही थी, पर उसके भीतर एक

शीतलता उतर रही थी। उसे समझ आया कि अगर अंत यही है, तो फिर हार मानने का सवाल ही क्या है? अगर खोने के लिए आख़िर में सिर्फ राख ही है, तो क्यों न इस जीवन को उस सूरज की तरह जीया जाए जो डूबने से पहले आसमान को लाल कर देता है।

वहाँ से दूर, गंगा की लहरों पर एक अकेली नाव तैर रही थी, जिस पर एक छोटा सा दीया जल रहा था। वह अंधेरे के उस विशाल समुद्र में एक छोटी सी उम्मीद जैसा था। अर्जुन उस दीये को तब तक देखता रहा जब तक वह आँखों से ओझल नहीं हो गया। उसे लगा कि वह दीया वह खुद है—चारों तरफ असफलताओं और तानों का समंदर है, पर उसे अपनी लौ को बचाए रखना है।

रात के तीन बज चुके थे। घाट पर लाशों का आना थमा नहीं था, और अर्जुन के भीतर उठते सवालों का

बवंडर भी अब एक दिशा पा चुका था। वह उठा, अपनी कमीज से राख झाड़ी और मुड़कर उस शहर की ओर देखा जो उसे अब पराया नहीं लग रहा था। बनारस ने उसे आज पहला सबक सिखा दिया था– कि जीवन की सार्थकता सफल होने में नहीं, बल्कि आख़िरी चिता जलने तक संघर्ष करने में है।

अर्जुन ने अपनी कमीज से राख झाड़ी और घाट की उन गीली सीढ़ियों पर एक अंतिम निगाह डाली। वह जाने के लिए पलटा ही था कि उसे महसूस हुआ जैसे कोई उसे घूर रहा है–महज देख नहीं रहा, बल्कि उसकी रूह के पार झाँक रहा है। घाट के एक अंधेरे कोने में, जहाँ चिताओं की रोशनी भी पहुँचने से कतराती थी, एक धुनी जल रही थी। उस धुनी के पीछे, राख से लिपटा एक साया बैठा था, जिसकी आँखों में मणिकर्णिका की आग से भी तीव्र तेज था।

वह एक अघोरी था। गले में हड्डियों की माला, जटाओं में लिपटी हुई राख और शरीर पर केवल एक लंगोट। उसकी मुद्रा ऐसी थी जैसे वह पत्थर का बना हो, पर उसकी साँसों की घरघराहट उस सन्नाटे में साफ सुनाई दे रही थी। राधेश्याम, जो अब तक वाचाल था, अचानक सहमकर रुक गया। अर्जुन के कदम खुद-ब-खुद उस धुनी की ओर खिंचे चले गए।

"बैठ जा बच्चा!" अघोरी की आवाज़ किसी भारी चट्टान के खिसकने जैसी थी। अर्जुन बिना कुछ कहे, उस तपती हुई रेत और राख के ढेर पर बैठ गया।

अघोरी ने अपनी लाल-भभक आँखों से अर्जुन को देखा और अचानक खिलखिलाकर हँस पड़ा। उस हँसी में एक अजब सा कौतूहल था। "तू यहाँ शांति ढूँढने आया है या उस राख में अपनी पहचान खोज रहा है?" अघोरी ने एक लंबी चिलम सुलगाते हुए पूछा।

धुएँ का एक घना बादल अर्जुन के चेहरे को ढक गया।

अर्जुन ने संकोच छोड़कर अपने मन का वह मवाद बाहर निकाला जो बरसों से पक रहा था, "बाबा, सफलता क्या है? क्यों दुनिया एक नाकामयाब इंसान को कीड़े-मकोड़े की तरह कुचल देना चाहती है? क्यों भगवान ने सबको एक जैसी बुद्धि और एक जैसा भाग्य नहीं दिया कि कम से कम तानों की यह कड़वाहट तो न सहनी पड़े?"

अघोरी ने चिलम की आग को कुरेदा और एक गंभीर स्वर में बोला, "मूर्ख है तू! अगर विधाता सबको एक जैसा बना देता, तो इस संसार की विविधता ही समाप्त हो जाती। यह देख–" उसने सामने जलती चिता की ओर इशारा किया, "यह लकड़ी, यह घी, यह शरीर और यह आग। सब अलग हैं, तभी तो यह 'अग्नि-संस्कार' पूरा हो रहा है।

अगर सब आग ही होते, तो जलता कौन? अगर सब राख ही होते, तो चमकता कौन?"

उसने अर्जुन के कांपते हुए हाथों को अपनी राख से सनी हथेली में लिया। अघोरी के हाथ जलते हुए अंगारे जैसे गर्म थे। "तुझे तानों से डर लगता है? सुन, पत्थर वही पूजा जाता है जिस पर छैनी और हथौड़ी की सबसे ज़्यादा मार पड़ती है। ये ताने नहीं हैं, ये कुदरत की छैनी है जो तुझसे तेरे भीतर के फालतू पत्थर को काट रही है ताकि एक मूरत बाहर आ सके।"

अर्जुन की आँखों से आँसू टपक पड़े। उसने सिसकते हुए पूछा, "पर बाबा, भूख और गरीबी का क्या? माँ की आँखों की वह उम्मीद और पिता का वह लाचार चेहरा–क्या इनकी कोई कीमत नहीं? क्या सफलता के बिना इंसान की कोई औकात नहीं है?"

अघोरी ने अर्जुन के माथे पर राख का एक तिलक लगाया। उस राख की ठंडक अर्जुन के दिमाग की नसों को शांत करने लगी। "सफलता दुनिया के लिए ज़रूरी है, पर तेरे लिए 'तप' ज़रूरी है। सफलता महज़ एक फल है, जो वक्त आने पर झड़ जाएगा। पर तू जो इस संघर्ष से 'लोहा' बनेगा, वह कभी नहीं मिटेगा। याद रख, रात जितनी काली होगी, सुबह का सूरज उतना ही प्रखर होगा। तू अभी अपनी 'आधी रात' में है, पर तेरे भीतर का सूरज उदय होने के लिए तड़प रहा है।"

अघोरी ने अचानक अपनी आँखें बंद कर लीं और मंत्र बुदबुदाने लगा। अर्जुन को महसूस हुआ जैसे उसके भीतर की सारी बेचैनी उस धुनी की आग में भस्म हो गई हो। उसे अब मणिकर्णिका की उन लाशों से डर नहीं लग रहा था, बल्कि उनमें एक मुक्ति दिखाई दे रही थी। उसे समझ आ गया कि

सफलता केवल पद या पैसे का नाम नहीं है, बल्कि उस स्थिति का नाम है जहाँ इंसान तानों के शोर में भी अपने भीतर की शांति को न खोए।

"जा!" अघोरी ने बिना आँखें खोले आदेश दिया, "अपनी मज़दूरी कर, अपनी पढ़ाई कर, और जब दुनिया तुझे धिक्कारे, तो समझ लेना कि तू सही रास्ते पर है।"

अर्जुन उठा, उसका सीना गर्व से फूल चुका था। राधेश्याम ने उसका हाथ थामा और दोनों वापस गलियों की ओर बढ़ चले। अब अर्जुन के कदमों में वह लड़खड़ाहट नहीं थी जो स्टेशन से आते वक्त थी। अब उसके कदम ज़मीन पर धमक के साथ पड़ रहे थे। बनारस की वह ठंडी हवा अब उसे काट नहीं रही थी, बल्कि उसे सहला रही थी।

पीछे घाट पर आग अभी भी दहक रही थी, पर अर्जुन के मन में उससे भी बड़ी एक मशाल जल

चुकी थी। वह मशाल थी—स्वयं को सिद्ध करने की। उसे अहसास हो गया था कि अब उसे जौनपुर की उन गलियों को एक जवाब देना है, और वह जवाब सिर्फ उसकी खामोश मेहनत से ही आएगा।

अघोरी बाबा की वह बातें अर्जुन के कानों में किसी प्राचीन मंत्र की तरह गूँज रही थीं। राधेश्याम के साथ जब वह हॉस्टल लौटा, तो उसे अपनी छोटी सी कोठरी में वह पुराना सन्नाटा महसूस नहीं हुआ; बल्कि अब वहाँ एक नई ऊर्जा का संचार था। रात भर वह अधखुली आँखों से छत की कड़ियाँ गिनता रहा, मानो उन लकड़ियों की लकीरों में वह अपने भविष्य का नक्शा ढूँढ रहा हो।

जैसे ही चैत्र मास के सूरज ने बनारस के क्षितिज को छुआ, हॉस्टल की वह इमारत, जो कल तक एक डरावना खंडहर लग रही थी, अचानक चहक उठी। खिड़की के बाहर लगे नीम के पेड़ पर पक्षियों ने

ऐसा शोर मचाया मानो वे भी अर्जुन को जगाने की ज़िद पर अड़े हों।

हॉस्टल का वह अहाता सुबह पाँच बजते ही एक छोटी सी छावनी में बदल गया था। हर तरफ छात्र-छात्राओं की आवाज़ें, बाल्टियों के टकराने की खनक और हवा में तैरती हुई सोंधी मिट्टी की महक–ये सब मिलकर एक ऐसा उत्सव रच रहे थे जिसे केवल एक विद्यार्थी ही महसूस कर सकता है। चूँकि कमरों में नल कम थे और उत्साह ज़्यादा, इसलिए बगीचे के पाइप के नीचे ही स्नान का प्रबंध हो गया था। अर्जुन भी अपनी तौलिया कंधे पर डाले जब बाहर निकला, तो उसकी मुलाक़ात उन चेहरों से हुई जो आने वाले वर्षों में उसके सुख-दुख के गवाह बनने वाले थे।

राधेश्याम तो पहले ही अपनी बनारसी मस्ती में डूबा नल के नीचे खड़ा था, पर वहीं एक दुबला-

पतला, गोरे रंग का लड़का बड़े सलीके से अपनी बाल्टी भरे जाने का इंतज़ार कर रहा था। वह किशन था। किशन के चेहरे पर एक ऐसी सौम्यता थी जो जौनपुर के उन शांत खेतों की याद दिलाती थी जहाँ सुबह-सुबह ओस गिरी होती है। उसकी आँखों में एक अजीब सी चमक थी, मानो वह हर चीज़ को बहुत बारीकी से देख रहा हो। उसने अर्जुन की ओर देखकर एक धीमी मुस्कान दी, जिसमें अपरिचय की दीवार एक पल में गिर गई।

तभी पीछे से एक भारी आवाज़ आई, "अरे हटो भई! आज पहले दिन कॉलेज जाना है और तुम लोग यहाँ पाइप के नीचे ही जड़ हो गए हो क्या?" यह बृजेन्द्र था। कद-काठी से मजबूत, चौड़ा माथा और आवाज़ में वैसी ही खनक जैसे पीतल के बर्तन पर चोट की गई हो। बृजेन्द्र के चेहरे पर एक अधिकार का भाव था, पर उसकी आँखों में शरारत साफ़

झलकती थी। वह उस तरह का लड़का था जो भीड़ में अपनी जगह बनाना जानता था।

वहीं पास में एक लड़का चुपचाप अपनी किताबें साफ कर रहा था, वह था संदीप। संदीप का स्वभाव कुछ-कुछ अर्जुन जैसा ही गंभीर था। उसके चेहरे पर संघर्ष की कुछ महीन लकीरें थीं, जो बताती थीं कि वह भी किसी तपती हुई मिट्टी से तपकर यहाँ तक पहुँचा है। वह कम बोलता था, पर जब बोलता था, तो उसकी बातों में एक वजन होता था।

तभी एक ठहाका गूँजा और अंकुर दौड़ता हुआ आया। अंकुर के बाल बिखरे हुए थे और उसकी शर्ट के बटन ऊपर-नीचे लगे थे। वह ऊर्जा से भरा हुआ ऐसा लड़का था जो हर गंभीर पल को मज़ाक में बदलने की शक्ति रखता था। उसने आते ही अर्जुन के कंधे पर हाथ रखा, "का हो भाई! सुना है रात को गंगा मैया के दर्शन हो आए? अब जल्दी हाथ-पाँव

चलाओ, वरना शर्मा जी की क्लास की घंटी हमारे कान के पर्दे फाड़ देगी।"

अर्जुन ने उन पाँचों दोस्तों को देखा। हर किसी का चेहरा एक अलग कहानी कह रहा था। कोई उम्मीदों की गठरी लादे था, तो कोई केवल आज़ादी के नशे में चूर था। उन सबके बीच अर्जुन को लगा कि वह अकेला नहीं है; यह तो एक कारवां है जो एक ही दिशा में बढ़ने को बेताब है।

बगीचे के फूलों पर पड़ी ओस की बूंदें सुबह की धूप में मोतियों की तरह चमक रही थीं। उन खिले हुए लाल और पीले फूलों की पंखुड़ियाँ ऐसी लग रही थीं मानो वे भी इन छात्रों का स्वागत कर रही हों। मिट्टी की वह सोंधी खुशबू, जो पानी पड़ने से और भी तीव्र हो गई थी, अर्जुन के फेफड़ों में एक नई ताज़गी भर रही थी। उसने महसूस किया कि उसका

वह पुराना 'मैं', जो तानों और गरीबी से डरता था, अब कहीं पीछे छूट गया है।

नहा-धोकर जब सब तैयार हुए, तो वे किसी फौज के सिपाही की तरह लाइन बनाकर कॉलेज की ओर चल पड़े। अर्जुन ने अपनी उन फटी-पुरानी किताबों को बड़े जतन से एक कपड़े के थैले में रखा था। उसके जूते, जो बरसों पुराने थे, आज फिर उन रास्तों को नापने के लिए तैयार थे। वह नहीं जानता था कि आगे क्या चुनौतियाँ हैं, पर इन पाँचों मित्रों की खिलखिलाहट ने उसके दिल के बोझ को हल्का कर दिया था।

बनारस की तंग गलियों से होते हुए जब वे कॉलेज के मुख्य द्वार पर पहुँचे, तो सूरज अपनी पूरी चमक बिखेर चुका था। हर तरफ सफ़ेद शर्ट और नीली पैंट पहने छात्रों का सैलाब था। कॉलेज की वह पुरानी इमारत, जिसकी दीवारों पर काई जमी थी,

आज अर्जुन को किसी ऊँचे पर्वत जैसी भव्य लग रही थी। उसे लगा कि यह केवल एक कॉलेज नहीं है, यह तो वह भट्ठी है जहाँ उसे अपनी किस्मत को ढालना है।

कॉलेज के उस विशाल फाटक के भीतर कदम रखते ही घड़ी की सुइयाँ जैसे अर्जुन के सीने पर चलने लगी थीं। सूरज अब तक अपनी नरमी त्याग कर तल्ख हो चला था और उसकी किरणों ने कॉलेज के बरामदों में एक अजीब सी तपिश भर दी थी। अचानक कॉलेज की पुरानी मीनार पर लगी घंटी ज़ोर से गूँजी–'टन-टन-टन-टन'–यह महज़ आवाज़ नहीं थी, बल्कि एक चेतावनी थी कि समय की रेत मुट्ठी से फिसल चुकी है।

"अरे भागो भाई! शर्मा जी की क्लास का मतलब है अनुशासन की फाँसी!" अंकुर चिल्लाया और सब के

सब अपनी किताबों को कलेजे से चिपकाए बेतहाशा दौड़े।

रास्ता छोटा करने के चक्कर में उन लोगों ने पक्की सड़क छोड़ दी और बागीचे के उस कच्चे रास्ते पर उतर आए जहाँ रात भर मालियों ने पानी सींचा था। वह मिट्टी नहीं थी, वह एक चिकना जाल था। अर्जुन के वे पुराने जूते, जिनकी तलवे घिसकर कागज जैसे पतले हो चुके थे, उस फिसलन भरी मिट्टी पर अपना संतुलन खोने लगे। हर कदम के साथ मिट्टी जूतों के किनारों से चिपकती और ऊपर चढ़ती चली गई।

अर्जुन ने महसूस किया कि उसके पैर अब पत्थर की तरह भारी हो गए थे। बागीचे की उस काली मखमली मिट्टी ने जूतों की रंगत को इस कदर निगल लिया था कि अब वे जूते नहीं, बल्कि कीचड़ के दो भारी लोथड़े लग रहे थे। जैसे-जैसे वे दौड़ते,

वह कीचड़ छिटककर उनकी सफेद कमीजों पर भूरे दाग छोड़ता जाता। अर्जुन का मन धक-धक कर रहा था–एक तरफ क्लास छूटने का डर और दूसरी तरफ अपनी इस फटेहाल स्थिति का संकोच। वह न रुक सकता था, न लौट सकता था।

मिट्टी के उस दलदल को पार कर जब वे बरामदे की पक्की जमीन पर पहुँचे, तो जूतों की चरमराहट और कीचड़ की वह 'चप-चप' पूरे गलियारे में गूँजने लगी। अर्जुन ने नीचे देखा, जूतों की सिलाई के बीच से कीचड़ रिस रहा था, जैसे उसके संघर्ष की सारी गन्दगी आज ही बाहर निकल आई हो। उसने चाहा कि हाथ से पोंछ ले, पर समय कहाँ था?

दौड़ते-हाँफते जब वे क्लास के भारी लकड़ी के दरवाजे पर पहुँचे, तो कमरे के भीतर का सन्नाटा किसी गहरे कुएँ जैसा था। अर्जुन के माथे से पसीने की एक बूंद टपककर उसकी पलक पर आकर रुक

गई। उसने अपनी फटी हुई सांसों को काबू में करने की कोशिश की और धीरे से दरवाजे की झिरी से अंदर झाँका।

सामने ऊँचे मंच पर प्रोफेसर शर्मा खड़े थे। सफ़ेद बाल, आँखों पर चढ़ा हुआ मोटा चश्मा और चेहरे पर वैसी ही कठोरता जैसे किसी प्राचीन खंडहर की दीवारों पर जमी काई हो। उनके हाथ में एक मोटा रजिस्टर था जिसे वे किसी शस्त्र की तरह थामे हुए थे। शर्मा जी की आँखों ने दरवाजे पर खड़े उन छहों लड़कों को ऊपर से नीचे तक ऐसे तौला जैसे कोई जौहरी खोटे सिक्कों को परखता है।

उनकी नज़र सबसे पहले अर्जुन के उन कीचड़ से सने जूतों पर गई। पूरी क्लास की निगाहें अब उन्हीं पैरों पर टिकी थीं। अर्जुन को लगा जैसे वह कीचड़ उसके जूतों पर नहीं, बल्कि उसकी आत्मा पर लिपटा हुआ है। उसे अपनी गरीबी और उस कच्चे

रास्ते की मजबूरी पर ऐसी शर्मिंदगी हुई कि उसने अपनी आँखें नीची कर लीं।

"तो..." शर्मा जी की आवाज़ गूँजी, जैसे सूखी लकड़ी के चटकने की आवाज़ हो, "आप लोग शायद यह भूल गए कि यह शिक्षा का मंदिर है, कोई अस्तबल नहीं जहाँ आप अपनी गन्दगी ढोते हुए चले आएँ।"

अर्जुन का चेहरा लाल हो गया। उसने बोलना चाहा, "सर, बागीचे के रास्ते से..." पर शब्द उसके सूखे गले में ही कहीं दम तोड़ गए। अर्जुन भी बस अपनी फटी हुई किताबों को थामे खड़ा रहा।

शर्मा जी ने चश्मा उतारा और मेज पर पटकते हुए बोले, "अनुशासनहीनता की पहली सीढ़ी विलंब है, और दूसरी सीढ़ी यह फूहड़पन। आज आप लोग यहाँ से वापस जाइए। जब तक आप समय की कीमत

और इस स्थान की पवित्रता को नहीं समझेंगे, मेरी क्लास के दरवाजे आपके लिए बंद रहेंगे।"

यह एक आदेश था, एक तिरस्कार था, जिसने अर्जुन के पहले दिन के सारे उत्साह को राख में मिला दिया था। वे छहों दोस्त, जो कुछ देर पहले उमंगों के घोड़ों पर सवार थे, अब अपनी गर्दनें झुकाए उल्टे पाँव उसी गलियारे में वापस लौटने लगे। जूतों की वह 'चप-चप' अब उपहास जैसी लग रही थी। अर्जुन को महसूस हुआ कि बनारस की इस धरती ने उसे अपना दूसरा सबक दे दिया था—कि यहाँ सिर्फ सपने देखना काफी नहीं है, उन सपनों को अनुशासन और समाज की कड़वाहट से बचाकर ले जाना भी एक कला है।

अपमान की वह कड़वाहट अर्जुन के हलक में किसी ज़हरीले घूँट की तरह उतर गई थी। प्रोफेसर शर्मा के शब्द महज़ डांट नहीं थे, वे उस आत्मविश्वास पर

कुल्हाड़ी का प्रहार थे जिसे अर्जुन ने मणिकर्णिका के घाट पर बड़ी मुश्किल से बटोरा था। क्लास से बाहर निकाले जाने के बाद, उन छहों दोस्तों के बीच एक ऐसा सन्नाटा छा गया जिसे केवल पराजित योद्धा ही समझ सकते हैं। बरामदे की दीवारों पर चढ़ी हुई धूप अब उन्हें चिढ़ाती हुई सी लग रही थी।

"चलो यार, अब यहाँ खड़े रहकर अपनी और जग-हंसाई क्या करानी?" राधेश्याम ने एक लंबी ठंडी सांस भरकर कहा। उसके स्वर में वह बनारसी अल्हड़पन कहीं खो गया था।

वे छहों भारी कदमों से चलते हुए कॉलेज के उस हिस्से की ओर बढ़ गए जहाँ सन्नाटा और भी गहरा था। गलियारे के अंत में एक विशाल, भारी भरकम लकड़ी का दरवाज़ा था, जिस पर पीतल की नक्काशीदार कुंडी लगी थी। दरवाज़े के ऊपर धुंधले

अक्षरों में लिखा था– 'पुरातात्विक संग्रहालय एवं पुस्तकालय'।

जैसे ही अर्जुन ने उस दरवाज़े को धकेला, एक ऐसी गंध बाहर आई जो सदियों के इतिहास को अपने भीतर समेटे हुए थी–पुरानी कागज़ की सोंधी खुशबू, चन्दन की लकड़ी की पुरानी गंध और वह धूल जो समय के साथ पवित्र हो चुकी थी। बाहर की चिलचिलाती धूप और प्रोफेसर का अपमान, सब उस चौखट के बाहर ही रह गए। भीतर एक अजब सी शीतलता थी, जो शरीर को नहीं, आत्मा को छू रही थी।

संग्रहालय के भीतर ऊँचे-ऊँचे कांच के शोकेस थे, जिनमें पत्थर की खंडित मूर्तियाँ अपनी मूक कहानियाँ सुना रही थीं। अर्जुन के कदम धीरे-धीरे उस गलियारे में बढ़ने लगे। वहाँ रखा हर अवशेष उसे अघोरी बाबा की उन बातों की याद दिला रहा

था– "सब अलग हैं, तभी तो ये संसार है।" उसने देखा कि वहाँ गुप्त काल की कुछ टूटी हुई ईंटें थीं, पाल वंश की कुछ कलाकृतियाँ थीं और धूल में सनी हुई वे पांडुलिपियाँ थीं जिनके पन्ने अब पीले पड़ चुके थे।

अर्जुन एक बड़ी सी नक्काशीदार बुद्ध की प्रतिमा के सामने जाकर खड़ा हो गया। बुद्ध के चेहरे पर वही चिरंतन शांति थी, जो शायद करोड़ों बार अपमानित होने के बाद भी नहीं डिगी थी। अर्जुन को लगा जैसे वे पत्थर के होंठ उससे कुछ कह रहे हों– "सफलता और अपमान, दोनों ही इस संग्रहालय की वस्तुओं की तरह समय के साथ धूल बन जाएंगे, जो बचेगा वह केवल तुम्हारा संकल्प होगा।"

बृजेन्द्र, संदीप और किशन भी उन ऐतिहासिक पन्नों को पलटने लगे जो मेज़ों पर खुले पड़े थे। संदीप ने एक पुरानी फटी हुई किताब की ओर इशारा

किया, जिसमें जौनपुर के उन शाही किलों का इतिहास था जो अब खंडहर बन चुके थे। अर्जुन ने जब उन पन्नों को पढ़ा, तो उसे लगा जैसे वह अपनी ही जड़ों को ढूँढ रहा हो। वह लड़का जो कुछ देर पहले अपने मिट्टी लगे जूतों पर शर्मिंदा था, अब उस इतिहास को पढ़कर गर्व से भर रहा था जहाँ उसकी मिट्टी ने बड़े-बड़े साम्राज्यों को जन्म दिया था।

उस संग्रहालय के भीतर वक़्त जैसे ठहर गया था। 40 मिनट की वह 'मौज-मस्ती' वाली सैर अब एक वैचारिक यात्रा में बदल चुकी थी। वे लोग भूल गए कि वे एक क्लास से निकाले गए भगोड़े हैं; वे तो अब उन जिज्ञासाओं के यात्री बन चुके थे जो हज़ारों साल पुरानी थीं। अर्जुन को महसूस हुआ कि इतिहास केवल राजा-महाराजाओं की कहानी नहीं है, बल्कि

यह उन संघर्षों का लेखा-जोखा है जो हर युग में एक 'अर्जुन' को लड़ना पड़ता है।

खिड़की की झिरी से आती सूरज की सुनहरी किरणें अब ढलने लगी थीं। सुबह की वह तीखी धूप अब शाम की एक सुनहरी उम्मीद में बदल चुकी थी। संग्रहालय के रक्षक ने जब भारी कुंजियों को खटखटाया और बंद करने का संकेत दिया, तब जाकर इन दोस्तों को होश आया। पूरे आठ घंटे बीत चुके थे। न भूख का पता चला, न प्यास का। उन खंडहरों और पुरानी किताबों ने अर्जुन के भीतर की उस आग को और हवा दे दी थी जो मणिकर्णिका पर सुलगी थी।

जैसे ही वे संग्रहालय से बाहर निकले, सूरज डूब रहा था। आसमान का रंग वैसा ही सिंदूरी था जैसा अर्जुन ने अपने पहले दिन की कल्पना में देखा था। अंकुर ने धीरे से कहा, "भाई, आज क्लास नहीं हुई

तो क्या हुआ, आज जो सीखा है वो शायद किसी किताब में नहीं मिलता।"

अर्जुन ने पीछे मुड़कर उस संग्रहालय के बंद होते किवाड़ों को देखा। उसे अहसास हुआ कि आज उसकी शिक्षा का वास्तविक 'श्रीगणेश' हुआ है। अपमान की वह चोट अब उसे दर्द नहीं दे रही थी, बल्कि वह एक 'लक्ष्य' की ओर बढ़ने का ईंधन बन चुकी थी। अब उसे पता था कि उसे केवल बीसीए की डिग्री नहीं लेनी है, उसे तो अपना नाम इतिहास के उन पन्नों में दर्ज़ करना है जो समय की धूल को झाड़कर फिर से चमक उठते हैं।

संग्रहालय की उस भारी खामोशी और इतिहास की गूँज से बाहर निकलते ही, उन छहों दोस्तों को एक ऐसी हकीकत ने घेरा जो इतिहास से कहीं अधिक क्रूर थी–वह थी 'पेट की आग'। जैसे ही वे संग्रहालय

की सीढ़ियों से नीचे उतरे, दिन भर की थकान और भूख ने उनके पैरों में बेड़ियाँ डाल दीं। सूरज अब गंगा के उस पार रेत में समा चुका था और आकाश पर स्याह नीलिमा छाने लगी थी।

बनारस की गलियों में अब शाम की चहल-पहल थी, पर इन लड़कों के पास बाज़ार के ज़ायके चखने की न तो जेब में सामर्थ्य थी और न ही मन में इच्छा। वे चुपचाप, माध्यम कदमों से हॉस्टल की ओर बढ़ रहे थे। वार्डन की पैनी नज़रों से बचते-बचाते, किसी अपराधी की तरह वे अपने कमरों की ओर लपके। कमरा खोलते ही अँधेरे ने उनका स्वागत किया, पर उस अँधेरे में भी एक अपनापन था।

"आज तो पेट में चूहे नहीं, बल्कि पूरे मगरमच्छ लड़ रहे हैं भाई!" अंकुर ने अपना बैग पटकते हुए कहा और पेट पकड़कर बिस्तर पर ढह गया।

अर्जुन ने कोने में रखे उस छोटे से इंडक्शन चूल्हे की ओर देखा, जो उनके लिए किसी जादुई चिराग से कम नहीं था। राधेश्याम ने तुरंत अपनी बाहें चढ़ाईं और मोर्चा सँभाला। "चिंता काहे करते हो? जब तक बनारस में आलू और मटर है, कोई छात्र भूखा नहीं सो सकता।"

कमरे के एक कोने में रखे प्लास्टिक के थैले से कुछ मिट्टी में सने आलू निकाले गए। किशन ने बाल्टी से पानी उलीचा और उन आलुओं को धोने लगा। उन आलुओं को छीलते समय किशन के चेहरे पर वैसी ही गंभीरता थी जैसे वह कोई प्रयोगशाला का प्रयोग कर रहा हो। वहीं, बृजेन्द्र ने अपनी फुर्ती दिखाई और पास ही रखे सिलबट्टे पर मसालों को पीसना शुरू किया। उन सिलबट्टे की 'घिस-घिस' की आवाज़ उस छोटे से कमरे में किसी संगीत की तरह गूँज रही थी।

संदीप ने मटर के दाने छीलने की जिम्मेदारी ली। एक-एक दाने का गिरना उस थाली में ऐसा लग रहा था मानो संघर्ष की राह में एक-एक सफलता के मोती गिर रहे हों। अर्जुन ने चूल्हा साफ किया और उस पर पुरानी, काली पड़ चुकी कड़ाही चढ़ाई। जैसे ही इंडक्शन की लाल बत्ती जली, कमरे के भीतर एक उम्मीद की रोशनी फैल गई।

कड़ाही में सरसों का तेल डाला गया। जब तेल गरम होकर धुंआ छोड़ने लगा, तो राधेश्याम ने उसमें जीरा और हींग का तड़का लगाया। उस छौंक की 'चर्र-चर्र' आवाज़ और हवा में उठी सोंधी महक ने उन लड़कों के भूखे शरीर में नई जान फूंक दी। प्याज और मिर्च के सुनहरे होते ही मसालों का वह लेप डाला गया, जिसकी खुशबू खिड़की से बाहर जाकर शायद पड़ोसियों को भी चिढ़ा रही थी।

"अरे भाई! आज तो महक ऐसी है कि राजा भोज भी अपनी गद्दी छोड़ दें," बृजेन्द्र ने मज़ाक किया, पर सबकी आँखें उस कड़ाही पर टिकी थीं।

आलू और मटर को मसालों के साथ भुना गया। वह रंग, जो धीरे-धीरे गहरा हो रहा था, अर्जुन को जौनपुर की याद दिला गया। उसे लगा जैसे उसकी माँ चूल्हे के पास बैठी उसे पुकार रही हो। जब कड़ाही में पानी डाला गया और ढक्कन लगाया गया, तो उस सन्नाटे में सब्जी के उबलने की आवाज़–'भद-भद'–किसी मंत्रोच्चार जैसी पवित्र लग रही थी।

रोटी बनाने का जिम्मा अर्जुन ने खुद लिया। आटे की उस परात में पानी मिलाते समय उसे अपने पिता के वे खुरदरे हाथ याद आए जो दिन-भर मेहनत करके आटे की बोरी घर लाते थे। उसने गोल-गोल लोइयाँ बनाईं और उस छोटे से चकले पर बेलना शुरू किया। रोटियाँ शायद पूरी तरह गोल नहीं

थीं, पर उनमें मेहनत की पूरी गोलाई थी। तवे पर पड़ती रोटी और उसकी सिकाई की खुशबू ने उस १०/१० के कमरे को घर बना दिया था।

सब्जी तैयार हुई। जब ढक्कन हटा, तो भाप का एक गर्म बादल उठा, जिसमें अदरक और धनिये की भीनी खुशबू बसी थी। ६ लड़के, एक छोटी सी चटाई और एक ही बड़ी थाली। किसी के पास चांदी के चम्मच नहीं थे, पर उन उंगलियों में जो स्वाद था, वह दुनिया के किसी पांच सितारा होटल में कहाँ?

भुनी हुई सब्जी की वह लज्जत और गर्म रोटियों का ग्रास जैसे ही अर्जुन के गले से नीचे उतरा, उसे महसूस हुआ कि अमीरी महज़ बैंक बैलेंस में नहीं होती, वह इस भाईचारे और सादगी में होती है। उन्होंने हँसते-हँसते अपनी परेशानियाँ भुला दीं। क्लास से निकाला जाना, मिट्टी से सने जूते, और

भविष्य का डर–सब उस आलू-मटर की सब्जी के रस में घुल गए।

खाना खत्म हुआ, पर बातें शुरू हुईं। अंधेरी रात में इंडक्शन की वह छोटी सी लाल बत्ती अभी भी टिमटिमा रही थी, मानो कह रही हो कि संघर्ष की रात चाहे कितनी भी काली हो, पेट में भोजन और मन में उम्मीद हो, तो सुबह होने से कोई नहीं रोक सकता। अर्जुन ने खिड़की के बाहर देखा, बनारस अब सो रहा था, पर इन छहों की आँखों में अब एक नया सपना करवट ले रहा था।

आलू-मटर की उस सादी सी तृप्ति के बाद शरीर तो शांत हुआ, पर कमरे की उमस और बनारस की वह बेजान गर्मी अब जानलेवा होने लगी थी। १०/१० के उस कमरे में छह जिस्मों की साँसें और इंडक्शन की गर्मी ने हवा को भारी कर दिया था। बिजली गुल

थी और छत का वह पंखा एक बेजान मुर्दे की तरह लटका हुआ था। पसीने की धारें पीठ से फिसलकर नीचे उतर रही थीं, मानो बदन से ही कोई दरिया बहने को बेताब हो।

"चलो यार, यहाँ तो दम घुट जाएगा, छत पर चलते हैं," बृजेन्द्र ने अपनी बनियान से माथा पोंछते हुए कहा।

वे छहों अपनी चादरें बगल में दबाकर हॉस्टल की उन घुमावदार और संकरी सीढ़ियों से होते हुए छत पर पहुँच गए। ऊपर का नज़ारा बिल्कुल अलग था। बनारस की रात का आकाश तारों से जड़ा हुआ था और गंगा की ओर से आने वाली हवा का एक हल्का सा झोंका रह-रहकर पसीने से भीगे बदन को सहला जाता था। छत पर पहले से ही कई लड़के अपनी चादरें बिछाए लेटे थे, पर इन छहों ने एक कोने में

अपनी जगह बनाई जहाँ से शहर की टिमटिमाती रोशनी और गंगा का धुंधला विस्तार नज़र आता था।

चादरें बिछ गईं, सब लेट गए, पर नींद आँखों से कोसों दूर थी। जब पेट भरा हो और रात गहरी हो, तो अक्सर इंसान के भीतर दबा हुआ दर्द जुबान पर आने लगता है। सन्नाटे को सबसे पहले राधेश्याम ने तोड़ा। उसने हाथ का तकिया बनाकर आसमान की ओर देखते हुए एक लंबी आह भरी।

"पता है भाई, मेरे बापू ने इस साल की खेती का आधा हिस्सा साहूकार के पास गिरवी रख दिया है ताकि मैं यहाँ बीसीए कर सकूँ। घर में छोटी बहन की शादी की चर्चा शुरू हो गई है, और बापू कहते हैं–'तू बस पढ़, हम फाका कर लेंगे पर तेरी पढ़ाई नहीं रुकेगी।' जब भी निवाला गले से नीचे उतरता है, मुझे बापू के वे गिरवी रखे खेत याद आ जाते हैं।"

राधेश्याम की आवाज़ में वह बनारसी मस्ती गायब थी, उसकी जगह एक ऐसी कड़वाहट थी जो गरीबी के अहसास से उपजती है। तभी किशन ने करवट बदली। उसकी आवाज़ धीमी थी पर उसमें पहाड़ जैसा बोझ था।

"तुम्हारे पास तो खेत हैं राधेश्याम, मेरे यहाँ तो बस एक सिलाई मशीन है। माँ सुबह चार बजे उठकर गाँव भर के कपड़े सीती है ताकि मुझे हर महीने एक हज़ार रुपये भेज सके। पिछली बार जब घर गया था, तो देखा माँ की उँगलियों में सुई के अनगिनत छेद थे, खून जम गया था। मैंने कहा– 'माँ, मैं लौट आता हूँ, कोई मज़दूरी कर लूँगा', तो उसने रोते हुए कहा–'अगर तू लौट आया, तो मेरी यह मेहनत मिट्टी हो जाएगी।' मैं यहाँ पढ़ नहीं रहा हूँ, मैं अपनी माँ के लहू का कर्ज उतारने आया हूँ।"

कमरे में सन्नाटा और गहरा हो गया। बृजेन्द्र ने अपनी आँखें मूंद लीं। "मेरे पिता जी फौज से रिटायर हुए, सोचा था बुढ़ापा चैन से कटेगा, पर छोटी भाई की बीमारी ने सब कुछ लील लिया। अब वे इस उम्र में एक सेठ के दरवाज़े पर लाठी लेकर पहरेदारी करते हैं। रात भर जागते हैं ताकि मैं यहाँ चैन से सो सकूँ। मुझे डर लगता है कि कहीं मेरी नाकामी उनकी उस लाठी को और भारी न कर दे।"

संदीप और अंकुर ने भी अपनी-अपनी व्यथा सुनाई। किसी के यहाँ पिता की मामूली सी दुकान उजड़ चुकी थी, तो किसी का परिवार कर्ज़ की ऐसी दलदल में था जहाँ से निकलने का रास्ता सिर्फ एक 'सरकारी नौकरी' थी। इन छहों के पीछे छह अलग-अलग कहानियाँ थीं, पर सबका सिरा एक ही था– अभाव।

अंत में सबकी निगाहें अर्जुन पर टिक गईं। अर्जुन चुप था। वह मणिकर्णिका की उन चिताओं को याद कर रहा था और जौनपुर की उस ढहती हुई दीवार को। उसने धीरे से कहा, "मेरे घर की दीवारें कच्ची हैं दोस्तों। जब बारिश होती है, तो माँ बर्तन रखती है ताकि बिस्तर न भीगे। पिता जी ने कभी शिकायत नहीं की, पर उनके फटे हुए जूतों से झांकती उनकी उँगलियाँ मुझसे रोज सवाल करती हैं कि मैं कब तक उनका बोझ बना रहूँगा? आज जब प्रोफेसर ने क्लास से बाहर निकाला, तो मुझे अपनी गरीबी पर नहीं, अपनी बेबसी पर रोना आया।"

अर्जुन की आवाज़ रुंध गई थी। उसने महसूस किया कि यहाँ छत पर लेटा हर लड़का एक सिपाही है, जो अपने परिवार की गरीबी से जंग लड़ने निकला है। किसी के पास पीछे हटने का रास्ता नहीं था। अगर

वे नाकाम होते, तो उनके साथ उनके बूढ़े माता-पिता की उम्मीदें भी मर जातीं।

रात के तीन बज रहे थे। ठंडी हवा अब तेज़ हो गई थी। उन छहों ने एक-दूसरे का हाथ तो नहीं थामा, पर उनकी रूहें एक-दूसरे से जुड़ चुकी थीं। उन्हें अहसास हुआ कि वे सिर्फ सहपाठी नहीं हैं, वे एक ही नाव के मुसाफिर हैं। अर्जुन ने आसमान के सबसे चमकते तारे को देखा और मन ही मन एक प्रतिज्ञा की। उसने सोचा कि अगर पढ़ाई के साथ-साथ मज़दूरी भी करनी पड़ी, तो वह पीछे नहीं हटेगा। उसे अब अपनी माँ की आँखों का वह पानी सुखाना था।

उस अंधेरी रात में, बनारस की उस ऊँची छत पर, छह लड़के सोए नहीं थे; वे तो अपने-अपने हिस्से का सूरज ढूँढने की योजना बना रहे थे। वह रात उनकी

गरीबी की हार नहीं, बल्कि उनके संकल्प की पहली विजय गाथा थी।

छत की उस सर्द रात और भावुक चर्चाओं के बाद, जब भोर की पहली किरण ने बनारस के घाटों को छुआ, तो इन छहों दोस्तों की आँखों में नींद की लाली तो थी, पर मन में एक नया संकल्प अंगड़ाइयां ले रहा था। रात की उन बातों ने उनके बीच की झिझक की दीवार को पूरी तरह ढहा दिया था। अब वे केवल सहपाठी नहीं, बल्कि एक ही संघर्ष के सिपाही थे।

सूरज अपनी पूरी रंगत के साथ आसमान पर चढ़ आया था। गर्मी की वह तपिश, जो रात को छत पर सुकून दे रही थी, अब कमरे की दीवारों से आग की तरह निकलने लगी थी। हड़बड़ाहट में सब तैयार हुए। अर्जुन ने अपने वही पुराने, कीचड़ के दागों वाले जूतों को रात में ही रगड़कर साफ़ कर लिया

था, पर उन पर पड़ी दरारें अब भी अपनी गरीबी की दास्ताँ सुना रही थीं। घड़ी की सुइयाँ फिर से वही पुराना खेल खेल रही थीं–वक्त भाग रहा था और ये छहों मुसाफिर अपनी किस्मत के पीछे दौड़ रहे थे।

जब वे कॉलेज के उस लंबे बरामदे में पहुँचे, तो वही कल वाली 'चप-चप' की आवाज़ फिर से गूँजी। सीने में धड़कनें तेज़ थीं। डर था कि कहीं फिर से वही तिरस्कार, वही 'शर्मा जी' का चश्मा और वही अपमान की चौखट न मिल जाए। लेकिन जैसे ही वे क्लास के दरवाज़े पर ठिठके, भीतर का नज़ारा बदला हुआ था। आज मंच पर वह पत्थर जैसा अनुशासन नहीं था, बल्कि एक सौम्य और शांत मुस्कान खड़ी थी। वह दिव्या मैम थीं–जिनके चेहरे पर बनारस की सुबह जैसी ताज़गी और स्वभाव में गंगा जैसी शालीनता थी।

आज मंगलवार था। दिव्या मैम का 'सिस्टम एल्गोरिथम' का लेक्चर शुरू हो चुका था। अर्जुन ने कांपते हाथों से दरवाज़ा खड़ा किया और धीमी आवाज़ में पूछा, "मेम... क्या हम अंदर आ सकते हैं?"

पूरी क्लास की नज़रें मुड़ गईं। कल के अपमान की गूँज अभी भी छात्रों के कानों में थी, सबको लगा कि आज फिर इन 'कलुषित' लड़कों को बाहर का रास्ता दिखाया जाएगा। मगर दिव्या मैम ने चश्मा ठीक किया और अपनी कलाई पर बँधी घड़ी की ओर देखा, फिर उन छहों के चेहरे पढ़े जिन पर पसीने की बूंदें और विलंब का पश्चाताप साफ़ झलक रहा था।

मैम के होठों पर एक शरारती और मीठी मुस्कान खिंच गई। उन्होंने रजिस्टर मेज़ पर रखा और चुटकी लेते हुए कहा, "अरे! आप लोग तो आज बहुत

जल्दी आ गए? अभी तो क्लास ठीक से शुरू भी नहीं हुई है, इतनी उतावली क्यों? कहीं रास्ता तो नहीं भूल गए आप लोग?"

क्लास में हंसी का एक हल्का सा फव्वारा फूटा। यह हंसी कल वाली नहीं थी, इसमें ज़हर नहीं था, बल्कि एक शिक्षक की ममता भरी झिड़की थी। अर्जुन ने राहत की एक गहरी सांस ली। उसे महसूस हुआ कि दुनिया में जहाँ 'शर्मा जी' जैसे पत्थर दिल लोग हैं, वहीं 'दिव्या मैम' जैसे लोग भी हैं जो इंसान की मजबूरी को उसकी आँखों से पढ़ लेते हैं।

अर्जुन ने हौसला बटोरा और मुस्कुराते हुए जवाब दिया, "मैम, वह क्या है ना कि हम लोग समय के थोड़े ज़्यादा ही पाबंद हैं। हमें लगता है कि हर काम समय से पहले ही कर लेना चाहिए, इसलिए बस दौड़ते हुए चले आए।"

दिव्या मैम ने एक और मंद मुस्कान के साथ सिर हिलाया, "अच्छा! तो यह समय की पाबंदी है? चलिए, इस पाबंदी को आज अपनी सीटों तक ले जाइये। पर ध्यान रहे, अगली बार 'इतनी जल्दी' मत आइएगा, वरना क्लास का बोर्ड भी शरमा जाएगा।"

इन छहों मित्रों ने पहली बार उस कमरे की चौखट को सम्मान के साथ पार किया। अर्जुन जब अपनी सीट पर बैठा, तो उसे अपनी फटी हुई किताबों की महक कल से कहीं अधिक सुखद लगी। कमरे की वह ठंडी हवा, पंखे की वह घरघराहट और मैम के शब्दों की वह नरमी–सब कुछ किसी वरदान जैसा लग रहा था।

लेकिन जैसे ही मैम ने ब्लैकबोर्ड पर चॉक से 'एल्गोरिथम' लिखना शुरू किया, अर्जुन की नज़रों के सामने वे काले अक्षर धुंधले होने लगे। उसका शरीर तो उस क्लासरूम की बेंच पर जमा था, पर मन

अभी भी मणिकर्णिका की उस आग और अघोरी बाबा की उन रहस्यों भरी बातों में उलझा था। मैम समझा रही थीं कि कैसे एक क्रमबद्ध तरीके से समस्या का समाधान (Logic) निकाला जाता है, पर अर्जुन का मन अपने जीवन के उस 'लॉजिक' को ढूँढ रहा था जहाँ गरीबी का कोई अंत हो।

वह खामोशी से बोर्ड को ताक रहा था, पर उसके कानों में अभी भी वही आवाज़ें गूँज रही थीं– "तू कुछ नहीं कर पाएगा... तू मज़दूर बनेगा।" उसने अपनी मुट्ठियाँ भिंच लीं। क्लास में पढ़ाया जाने वाला हर शब्द उसे उस संग्रहालय की पुरानी किताबों की ओर खींच रहा था। उसे अहसास हुआ कि उसकी असली प्यास यह 'आधुनिक तकनीक' नहीं, बल्कि वह 'इतिहास' है जिसने उसे कल अपनी बाहों में लिया था।

घंटा बीत गया। मैम क्लास से बाहर चली गईं, पर ये छहों दोस्त अपनी सीटों पर पत्थर की मूरत बने बैठे रहे। उनके भीतर एक युद्ध छिड़ा था–एक तरफ वह पढ़ाई थी जो उन्हें 'नौकरी' दिलाएगी, और दूसरी तरफ वह 'उत्तेजना' थी जो उन्हें खुद को पहचानने की शक्ति दे रही थी। अर्जुन ने खिड़की के बाहर देखा, सूरज अब अपने चरम पर पहुँच रहा था। उसे नहीं पता था कि आने वाले दो महीने उसके जीवन की दिशा को पूरी तरह बदलने वाले हैं।

दिव्या मैम की उस ममतामयी मुस्कान ने अर्जुन के मन पर लगे अपमान के घाव को भर तो दिया था, पर उसके भीतर एक ऐसा बीजारोपण कर दिया था जिसे वह खुद भी समझ नहीं पा रहा था। उस दिन के बाद, समय का पहिया जैसे बनारस की उन तंग गलियों में तेज़ी से घूमने लगा। दिन हफ्तों में और हफ्ते महीनों में बदलने लगे, पर अर्जुन के लिए

क्लास की वे दीवारें अब किसी कैदखाने जैसी होने लगी थीं।

पढ़ाई का वह सिलसिला, जिसे वह अपनी तकदीर बदलने का रास्ता समझकर आया था, अब उसे बोझ लगने लगा था। जब भी प्रोफेसर ब्लैकबोर्ड पर कोडिंग के पेचीदा सूत्र लिखते, अर्जुन की आँखों के सामने मणिकर्णिका की वे जलती हुई चिताएँ और संग्रहालय की वे धूल भरी पुरानी किताबें नाचने लगतीं। उसे लगता कि ये आधुनिक एल्गोरिदम उसके जीवन की उन गुत्थियों को नहीं सुलझा सकते, जिन्हें वह उस रात घाट पर अघोरी बाबा की बातों में ढूँढ रहा था।

दो महीनों का वह समय अर्जुन के लिए एक मानसिक वनवास जैसा था। कॉलेज की घंटी बजती, वह क्लास में जाकर बैठता भी, पर उसका शरीर मात्र एक खोल बनकर रह गया था। उसकी रूह तो

उन पुरानी पांडुलिपियों के बीच भटकती थी, जहाँ इतिहास की गंध रची-बसी थी। वह उस विद्यार्थी की तरह हो गया था जिसके हाथ में किताब तो है, पर ध्यान उस चिड़िया पर है जो आसमान की आज़ादी नाप रही है

इन दो महीनों में अर्जुन और उसके दोस्तों की दिनचर्या का केंद्र अब क्लासरूम नहीं, बल्कि वह धूल भरा 'पुस्तकालय' बन चुका था। वे क्लास से अपनी अटेंडेंस लगवाकर चुपके से खिसक जाते और घंटों उस संग्रहालय के ठंडे फर्श पर बैठकर पुरानी सभ्यताओं के पतन और उत्थान की कहानियाँ पढ़ते। अर्जुन को महसूस होने लगा था कि उसे कंप्यूटर की भाषा नहीं, बल्कि उसे समय की वह भाषा सीखनी है जो पत्थरों पर लिखी गई थी। आधुनिकता की चमक उसे फीकी लगने लगी थी और अतीत की वह गरिमा उसे अपनी ओर खींच रही थी।

लेकिन इस 'मानसिक भटकाव' की एक बहुत बड़ी कीमत चुकानी पड़ रही थी। घर से आने वाले पत्र अब उम्मीदों के बजाय सिसकियों से भरे होते थे। जौनपुर से जब भी कोई चिट्ठी आती, अर्जुन का हाथ उसे खोलने से पहले कांपने लगता। पत्र में लिखा होता– "लल्ला, तेरी नानी की हालत अब काबू से बाहर है... तेरी माँ की खाँसी रुकने का नाम नहीं ले रही... घर की दीवार का वो कोना इस बारिश में गिर गया है।"

गरीबी, जो अब तक केवल एक चुनौती थी, अब एक खूँखार दरिंदे की तरह उसके घर को निगलने पर उतारू थी। पिता के खतों में अब वह पुराना रौब नहीं था, बल्कि एक ऐसी लाचारी थी जो अर्जुन के कलेजे को छलनी कर देती। सिलाई मशीन की वह 'टिक-टिक' जो कभी संगीत लगती थी, अब अर्जुन को माँ की थकी हुई उँगलियों का रुदन सुनाई देने

लगी थी। घर के राशन का डिब्बा खाली हो रहा था और दवाओं का पर्चा लंबा होता जा रहा था।

अर्जुन का चेहरा, जो कभी संकल्प से दमकता था, अब पीला पड़ने लगा था। उसके गाल धंस गए थे और आँखों के नीचे काले घेरे उसके भीतर चल रहे युद्ध की गवाही दे रहे थे। वह जो आलू-मटर की सब्जी कभी उत्सव लगती थी, अब वह भी नसीब नहीं हो रही थी। हॉस्टल के कमरे में अब इंडक्शन चूल्हा कम ही जलता था। वह अक्सर एक वक्त का खाना छोड़कर केवल पानी पीकर सो जाता, ताकि कुछ पैसे बचाकर घर भेज सके।

उन दो महीनों के अंत तक, अर्जुन पूरी तरह बदल चुका था। उसका शरीर एक सूखी हुई टहनी की तरह हो गया था, जिसे अभावों की हवा कभी भी तोड़ सकती थी। दोस्तों के बीच होने वाले वे ठहाके अब खामोशी में बदल गए थे, क्योंकि हर कोई अपने-

अपने घर की जलती हुई आग को महसूस कर रहा था। अर्जुन को अब समझ आ गया था कि केवल इतिहास पढ़ने से इतिहास नहीं बनता; इतिहास बनाने के लिए पहले पेट की आग और घर की बेबसी से लड़ना पड़ता है।

एक दोपहर, जब सूरज आग उगल रहा था और कॉलेज की खिड़कियों से आती गर्म हवा लू की तरह बदन को झुलसा रही थी, अर्जुन ने अपनी कॉपी के पीछे एक नया हिसाब लिखा। वह हिसाब पढ़ाई का नहीं था, वह हिसाब था– 'एक दिन की मज़दूरी बनाम एक दिन का राशन'। उसने अपनी फटी हुई जेब को छुआ, जिसमें एक भी सिक्का नहीं था। उस दिन उसकी 'जिज्ञासा' पर उसकी 'जरूरत' भारी पड़ गई।

दो महीनों की वह वैचारिक उड़ान और इतिहास के पन्नों में डूबी हुई रूह को आखिरकार भूख के यथार्थ ने जमीन पर पटक दिया था। अर्जुन के लिए अब वे पुरानी पांडुलिपियाँ और राजाओं के किस्से केवल एक विलासिता बनकर रह गए थे, क्योंकि हकीकत तो यह थी कि उसके पिता की लाठी टूट रही थी और माँ की दवाइयों का पर्चा अब एक बोझ बन चुका था।

उस दोपहर, जब जेठ की तपिश बनारस की गलियों को झुलसा रही थी, अर्जुन हॉस्टल की उन परिचित सीढ़ियों से नीचे उतरा। आज उसके हाथ में किताबों का वह झोला नहीं था, जिसे वह मंदिर के प्रसाद की तरह थामता था; आज उसके हाथ खाली थे, पर उन खाली हथेलियों में अपनी गरीबी का एक भारी बोझ था। वह मुख्य मार्ग पर मुड़ा और अपने भारी कदमों को 'घंटाघर' की ओर ले चला।

जैसे-जैसे वह घंटाघर के करीब पहुँच रहा था, शोर और धूल का एक ऐसा बवंडर उसके स्वागत में खड़ा था जिसकी उसने कभी कल्पना नहीं की थी। यह बनारस का वह हिस्सा था जहाँ कोई मंत्र नहीं गूँजते थे, जहाँ केवल पसीने की गंध और सौदेबाजी की कर्कश आवाज़ें थीं।

घंटाघर का वह विशाल चौक एक ऐसी 'इंसानी मंडी' में तब्दील हो चुका था, जहाँ हड्डियों के ढांचे और खाल से लिपटे हुए मज़दूर अपनी देह बेचने के लिए कतारों में खड़े थे। चारों तरफ गर्द गुबार था। सड़कों पर गाड़ियों का धुआं और उन मज़दूरों की आँखों में छिपी हुई एक ठंडी बेबसी–ये सब मिलकर एक ऐसा मंजर रच रहे थे, जिसे देखकर अर्जुन का कलेजा मुँह को आने लगा।

वहाँ खड़ा हर इंसान एक सवाल था। कोई अपनी फटी हुई बनियान से माथा पोंछ रहा था, तो कोई

सिर पर गमछा लपेटे अपनी कुदाल और हथौड़ी को ऐसे सहला रहा था मानो वही उसका एकमात्र सगा संबंधी हो। अर्जुन ने देखा कि वहाँ उम्र की कोई सीमा नहीं थी–दस साल का बच्चा भी था जिसकी आँखों का बचपन खो चुका था, और सत्तर साल का वह बूढ़ा भी था जिसकी कंपकपाती देह अब भी दो जून की रोटी के लिए किसी रहम की तलाश में थी।

अर्जुन उस भीड़ के एक कोने में जाकर खड़ा हो गया। वह पढ़ा-लिखा युवक, जिसकी उँगलियों ने कल तक केवल कलम पकड़ी थी, आज उस कतार का हिस्सा था जहाँ केवल शारीरिक श्रम की बोली लगनी थी। उसे महसूस हुआ कि आसपास खड़े मज़दूर उसे अचरज भरी नज़रों से देख रहे हैं। उसके चेहरे की वह साफ़-गोई और उसके हाथों की कोमलता चिल्ला-चिल्लाकर कह रही थी कि वह इस 'मंडी' का पुराना बाशिंदा नहीं है।

अर्जुन को ऐसा लगा जैसे वह नंगा खड़ा हो। लोग उसे ऐसे देख रहे थे मानो वह कोई बहुरूपिया हो। एक अधेड़ उम्र के मज़दूर ने अपनी बीड़ी का धुआं छोड़ते हुए उपहास भरी नज़रों से उसे ताका और पास खड़े साथी से कहा, "देख रे नथुआ, अब ये बाबू लोग भी हमारी रोटी में हिस्सा बटाने आए हैं। इन नरम हाथों से पत्थर टूटेंगे या बस धूप में पिघल जाएंगे?"

उस कटाक्ष ने अर्जुन के आत्मसम्मान पर वैसी ही चोट की जैसे कल प्रोफेसर शर्मा के शब्दों ने की थी। पर आज फर्क यह था कि आज वह लड़ नहीं सकता था। आज उसे अपनी 'जरूरत' के आगे अपनी 'गैरत' को गिरवी रखना था। उसने नज़रें नीची कर लीं। पसीने की एक बूंद उसके माथे से फिसलकर आँख में चली गई, जिससे जलन होने लगी, पर उसने हाथ नहीं उठाया। वह बस उस घंटाघर की सुइयों को

देख रहा था, जो बिना किसी दया के टिक-टिक करती जा रही थीं।

तभी एक पुरानी जीप धूल उड़ाती हुई चौक के बीचों-बीच रुकी। अचानक उस खामोश और सुस्त भीड़ में एक हलचल मच गई। जैसे तालाब में पत्थर फेंकने पर मछलियां एक ओर भागती हैं, वैसे ही सैंकड़ों मज़दूर उस जीप की ओर लपके। हर कोई चिल्ला रहा था– "हमे ले चलो मालिक! हम कम पैसे में काम करेंगे!" "हमें ले चलिए, हम रात तक काम करेंगे!"

जीप से एक भारी-भरकम इंसान नीचे उतरा। उसकी आँखों पर काला चश्मा था और मुँह में पान दबा था। वह 'ठेकेदार' था–इंसानी मांस का वह पारखी जो यह तय करने आया था कि आज किसकी किस्मत में रोटी होगी और किसकी किस्मत में सिर्फ फाका।

उसने भीड़ को एक क्रूर निगाह से देखा और अपने मोटे हाथ से इशारा किया।

अर्जुन उस भीड़ के पीछे खड़ा था, पर उसकी लंबाई और उसकी खामोशी ने शायद उस ठेकेदार का ध्यान खींच लिया। ठेकेदार ने अपनी उँगली अर्जुन की ओर उठाई और गरजा, "ऐ लड़के! इधर आ। शरीर तो ठीक दिखता है, पर काम कर पाएगा? धूप में चक्कर खाकर गिर तो नहीं जाएगा?"

अर्जुन ने अपना थूक निगला। उसका गला सूखा हुआ था। उसने बस इतना कहा, "जी मालिक, कर लूँगा।"

"छत तोड़नी है, पूरे दिन की दिहाड़ी ३०० रुपये मिलेगी। बैठ गाड़ी में," ठेकेदार ने बेरुखी से कहा।

अर्जुन जब उस जीप के पिछले हिस्से में बैठा, तो उसके बगल में तीन और मज़दूर बैठे थे। उनकी देह

से उठती पसीने और बीड़ी की गंध अब अर्जुन को पराई नहीं लग रही थी। जैसे ही जीप आगे बढ़ी, घंटाघर का वह टावर पीछे छूटने लगा। अर्जुन ने मुड़कर एक आख़िरी बार उस घड़ी को देखा। उसे महसूस हुआ कि आज उसके जीवन का एक नया अध्याय शुरू हो रहा है—एक ऐसा अध्याय जहाँ 'अधिकारी' बनने का सपना अब उस 'मज़दूर' की हथौड़ी के नीचे दफ़न होने जा रहा था, जो केवल अपनी माँ की साँसों के लिए पत्थर तोड़ने निकला था।

जीप की उछाल और धूल भरे रास्तों ने अर्जुन के शरीर को झकझोर कर रख दिया था, पर उसके मन के भीतर जो उथल-पुथल मची थी, वह उस झटके से कहीं अधिक तीव्र थी। घंटाघर पीछे छूट चुका था और उसके साथ ही पीछे छूट गई थी वह दुनिया जहाँ अर्जुन एक 'छात्र' था। अब वह महज़ एक

'संख्या' था, उस ठेकेदार के बहीखाते का एक अदना सा मज़दूर।

जीप एक पुरानी, दो मंजिला इमारत के सामने रुकी जिसकी ऊपरी छत को गिराया जाना था। ठेकेदार ने अपनी भारी आवाज़ में चिल्लाकर कहा, "उतरो सब के सब! वक्त कम है और काम पहाड़ जैसा।"

अर्जुन जब उस पक्की छत पर पहुँचा, तो उसे लगा जैसे वह किसी जलते हुए तवे पर खड़ा हो। जेठ की दोपहर अपने पूरे शवाब पर थी। सूरज आसमान के बीचों-बीच खड़ा आग उगल रहा था। कंक्रीट की वह छत उस तपिश को सोखकर दहक रही थी। हवा का एक भी झोंका नहीं था, और जो थोड़ी बहुत हलचल थी, वह लू की तरह शरीर को झुलसा रही थी।

ठेकेदार ने एक कोने में रखे लोहे के भारी घन (हथौड़े) की ओर इशारा किया। अर्जुन ने जब उस

मज़बूत और ठंडे लोहे के हत्थे को छुआ, तो उसके हाथों की कोमलता जैसे सिहर उठी। वह घन जिसे मज़दूर खिलौने की तरह चलाते थे, अर्जुन को वह किसी भारी पत्थर जैसा लगा। उसने उसे दोनों हाथों से थामकर उठाया। उसकी उँगलियों ने कल तक केवल फाउंटेन पेन की चिकनाई महसूस की थी, आज उन पर लोहे का खुरदरापन और जंग की गंध चढ़ गई थी।

पहला प्रहार... अर्जुन ने पूरी ताकत लगाकर हथौड़ा उस सख्त कंक्रीट पर मारा। एक तीखी 'ठन' की आवाज़ हुई और कंक्रीट से एक छोटी सी चिंगारी निकलकर उसकी आँख के पास से गुजरी। झटके से उसके कंधों में एक ऐसी लहर दौड़ी मानो किसी ने गरम सुइयाँ चुभो दी हों।

मज़दूरी का यह पहला प्रहार केवल पत्थर पर नहीं, बल्कि उसके उन तमाम नाजुक सपनों पर था जो

उसने बनारस की गलियों में पाले थे।, अर्जुन को अब समझ आ रहा था कि पेट की भूख और सिद्धांतों के बीच का फासला कितना बड़ा होता है।

घंटा बीतता गया। सूरज अब अर्जुन की पीठ पर कोड़े बरसा रहा था। पसीना माथे से बहकर आँखों में जा रहा था, जिससे आँखों में जलन होने लगी, पर हाथ रुकने की इजाजत नहीं थी। शर्ट पसीने से भीगकर खाल से चिपक गई थी और नमक की एक सफेद परत कपड़ों पर उभरने लगी थी। हर बार जब वह हथौड़ा हवा में उठाता, उसके सीने की पसलियाँ जैसे टूटने को आतुर हो जातीं। फेफड़ों में सीमेंट की बारीक धूल जमने लगी थी, जिससे हर साँस एक भारी बोझ बन गई थी।

दोपहर के दो बज चुके थे। प्यास से गला काँटे जैसा हो गया था। तभी ठेकेदार ने आवाज़ लगाई, "अधे घंटे की छुट्टी है, जो खाना है खा लो!"

अर्जुन छत के एक छोटे से साये में जाकर बैठ गया। उसका शरीर कांप रहा था। उसके हाथ इस कदर सूज गए थे कि वह उँगलियों को मोड़ भी नहीं पा रहा था। हथेलियों की खाल लाल पड़ गई थी और उनमें पानी भरे छालों की आहट होने लगी थी। तभी एक साथी मज़दूर ने अपनी मैली पोटली खोली और उसमें से दो सूखी रोटियाँ और एक कोने में रखी पानी जैसी पतली आलू की सब्जी निकाली।

उस मज़दूर ने एक रोटी अर्जुन की ओर बढ़ाते हुए कहा, "ले भाई, खाली पेट पत्थर नहीं टूटते। नया है तू, अभी बदन टूटेगा, पर शाम तक आदत पड़ जाएगी।"

अर्जुन ने उस सूखी रोटी का टुकड़ा तोड़ा। वह रोटी इतनी सख्त थी कि उसे चबाना भी एक संघर्ष था, पर उस वक़्त उस रूखी-सूखी रोटी में जो स्वाद था, वह जौनपुर के किसी पकवान में कहाँ? जैसे ही वह

निवाला नीचे उतरा, अर्जुन की आँखों में अचानक आँसू भर आए। उसे अपनी माँ की याद आई–जो शायद इस वक़्त चूल्हे के पास बैठी इसी चिंता में होगी कि उसके 'लल्ला' ने बनारस में क्या खाया होगा। माँ को क्या पता था कि उसका लाल आज एक पत्थर की छत पर बैठकर अपनी आंसुओं की नमी से सूखी रोटी गला रहा है।

सब्जी में मसालों का नामोनिशान नहीं था, बस पानी और कुछ उबले हुए आलू थे। पर अर्जुन को महसूस हुआ कि यह खाना महज़ भोजन नहीं है, यह उसकी आहुति है। उसने आसमान की ओर देखा, जहाँ सूरज अब भी बेतहाशा चमक रहा था। उसे अघोरी बाबा की बात याद आई– "तपना तो पड़ेगा बच्चा!"

उसने पसीने से तर-बतर अपने कांपते हाथों को देखा। उन हाथों पर जमी धूल और सीमेंट की

कालिख उसे अब बुरी नहीं लग रही थी। उसे लग रहा था कि वह अब साफ़-सुथरा 'साहब' नहीं रहा, वह अब उस मिट्टी का हिस्सा बन गया है जिससे दुनिया की इमारतें बनती हैं। वह दर्द, वह थकान और वह भूख–ये सब मिलकर उसके भीतर के 'अर्जुन' को मार रहे थे और एक नए, फौलादी इंसान को जन्म दे रहे थे।

जैसे ही आधे घंटे का विराम खत्म हुआ, ठेकेदार की कर्कश आवाज़ फिर गूँजी। अर्जुन फिर से उठ खड़ा हुआ। उसने उसी भारी घन को फिर से थाम लिया। अब उसके प्रहारों में कल वाली नज़ाकत नहीं थी, अब उनमें एक क्रोध था–अपनी गरीबी के खिलाफ, अपनी बेबसी के खिलाफ। पत्थर टूट रहे थे, और हर टूटते पत्थर के साथ अर्जुन का संकल्प और भी गहरा होता जा रहा था।

सूरज अब थककर पश्चिम की पहाड़ियों के पीछे छिपने लगा था, पर बनारस की उस छत पर तपिश अभी भी वैसी ही थी, मानो कंक्रीट ने दिन भर की आग को अपने भीतर कैद कर लिया हो। अर्जुन का शरीर अब जवाब दे चुका था। उसकी शर्ट पसीने और सीमेंट की धूल से जमकर ऐसी सख्त हो गई थी जैसे कोई बख्तरबंद चोला हो। हर बार जब वह भारी घन (हथौड़ा) उठाता, तो उसकी रीढ़ की हड्डी में एक ऐसी टीस उठती थी मानो कोई जीवित नस काटी जा रही हो।

"बस करो रे! आज का काम बंद!" ठेकेदार की वह कर्कश आवाज गूँजी, जो इस समय अर्जुन को किसी मधुर संगीत से भी प्रिय लगी।

अर्जुन ने कांपते हाथों से उस भारी हथौड़े को जमीन पर टिका दिया। उसके हाथों की पकड़ इतनी सख्त हो चुकी थी कि उँगलियाँ अब सीधी नहीं हो

रही थीं। उसने अपनी हथेलियों को देखा–वहां अब केवल लाल निशान नहीं थे, बल्कि खून से भरे हुए पीले छाले उभर आए थे जो छूने भर से नरक की यंत्रणा दे रहे थे। वह बेदम होकर उसी मलबे पर बैठ गया। धूल और पसीने ने उसके चेहरे पर एक ऐसी परत जमा दी थी कि उसे पहचानना मुश्किल था।

अब बारी थी उस 'मजदूरी' की, जिसके लिए उसने अपनी देह को इस भट्टी में झोंका था। मज़दूरों की एक छोटी सी कतार लग गई। ठेकेदार अपनी जीप के बोनट पर पैर रखे, हाथ में नोटों की गड्डी लिए बैठा था। उसकी आँखों में वह घमंड था जो अक्सर पैसे वालों की आँखों में गरीबी को देखकर आता है।

जब अर्जुन का नंबर आया, तो उसने अपनी कांपती हथेली आगे बढ़ा दी। उसके मन में हिसाब चल रहा था–३०० रुपये। इसमें से कुछ माँ की दवा के लिए

जाएंगे, कुछ राशन के लिए और कुछ शायद हॉस्टल के उस उधार के लिए।

ठेकेदार ने जेब से कुछ मुड़े-तुड़े नोट निकाले और अर्जुन के हाथ पर रख दिए। अर्जुन ने गिना–सिर्फ १५० रुपये।

अर्जुन का कलेजा धक से रह गया। उसने अपनी सूखी ज़बान को तालू से सटाकर हौसला बटोरा और कहा, "मालिक, आपने तो ३०० कहा था। सुबह से एक पल को भी नहीं रुका हूँ, पूरी छत का आधा हिस्सा अकेले तोड़ा है।"

ठेकेदार ने अपनी गंदी निगाहें अर्जुन पर डालीं और जोर से थूकते हुए बोला, "अबे ओ बाबू! यहाँ जुबान मत चला। काम देखा है अपना? आधा दिन तो तू हथौड़ा सँभालने में लगा रहा। ये १५० भी ज्यादा हैं तेरी इस नाजुक कद-काठी के लिए। जाना है तो जा, वरना ये भी नहीं मिलेंगे।"

अर्जुन को लगा जैसे किसी ने उसके जलते हुए छालों पर दहकता हुआ कोयला रख दिया हो। वह 'साहब' बनने का सपना देखने वाला लड़का, आज एक जाहिल ठेकेदार के सामने अपने पसीने की कीमत मांग रहा था और उसे मिल रही थीं–गालियाँ। उसके भीतर का स्वाभिमान एक बार तो फन उठाकर खड़ा हुआ, जी चाहा कि उन नोटों को उसी के मुँह पर दे मारे। पर तभी उसे जौनपुर की वह ढहती दीवार और माँ की वह पुरानी साड़ी याद आ गई।, अर्जुन भी उस अन्याय के सामने मौन हो गया। उसे अहसास हुआ कि गरीबी इंसान के शब्द छीन लेती है। उसने उन मटमैले नोटों को अपनी मुट्ठी में भींच लिया। उस १५० रुपये के कागज में अर्जुन को अपना खून और पसीना मिला हुआ महसूस हो रहा था।

"निकल यहाँ से! कल आना हो तो वक्त पर आना," ठेकेदार ने उसे झिड़कते हुए कहा।

अर्जुन वहाँ से चल पड़ा। उसके कदम लड़खड़ा रहे थे। घुटनों में जैसे जान ही नहीं बची थी। वह पैदल ही हॉस्टल की ओर बढ़ने लगा। रास्ते में पड़ने वाली दुकानों पर पकवानों की खुशबू आ रही थी, पर अर्जुन को अब भूख नहीं लग रही थी; उसे केवल एक गहरी नफरत महसूस हो रही थी। वह नफरत खुद से थी, अपनी बेबसी से थी।

रास्ते में एक छोटा सा तालाब पड़ा। अर्जुन वहाँ रुका और उसने अपने हाथ पानी में डाले। छालों पर ठंडा पानी लगते ही उसे ऐसी जलन हुई कि उसके मुँह से एक दबी हुई चीख निकल गई। उसने देखा कि उसके हाथों की लकीरें अब मिट्टी और खून से भर चुकी थीं। उसने उन १५० रुपयों को अपनी शर्ट की अंदरूनी जेब में, दिल के करीब छिपा लिया।

जब वह हॉस्टल की सीढ़ियों पर चढ़ रहा था, तो अंधेरा गहरा चुका था। गलियारे में उसके जूतों की आवाज़ अब 'साहब' वाली नहीं थी, वह एक थके हुए, हारे हुए मज़दूर की आवाज़ थी। कमरे के दरवाज़े पर पहुँचकर वह रुक गया। उसे डर था कि कहीं राधेश्याम या बाकी दोस्त उसकी यह हालत न देख लें। उसने अपना चेहरा गमछे से पोंछा, पर आँखों की वह लाली और शरीर का वह झुकाव छिपाना नामुमकिन था।

उस शाम अर्जुन ने आईने में खुद को नहीं देखा। उसे डर था कि कहीं आईने वाला 'अर्जुन' उससे यह न पूछ ले कि– "क्या इसी दिन के लिए तुमने बनारस का सपना देखा था?"

जब अर्जुन ने कांपते हाथों से अपने कमरे का वह पुराना लकड़ी का किवाड़ धकेला, तो उसकी चरमराहट उस सन्नाटे में किसी कराह की तरह गूँजी। कमरे के भीतर राधेश्याम, किशन और बृजेन्द्र एक छोटी सी मोमबत्ती की रोशनी में अपनी फटी-पुरानी किताबों के पन्ने पलट रहे थे। जैसे ही कमरे में अर्जुन की परछाईं पड़ी, सबकी निगाहें ठिठक गईं।

अर्जुन वहीं चौखट पर खड़ा था—निशक्त, निस्तेज और धूल से अटा हुआ। उसके चेहरे पर सीमेंट की सफेद गर्द और पसीने ने मिलकर एक ऐसी मटमैली परत जमा दी थी कि उसकी आँखों की सफेदी भी किसी धुंधली रोशनी जैसी लग रही थी। उसकी फटी हुई कमीज जगह-जगह से पसीने और धूल के कारण पत्थर जैसी सख्त होकर शरीर से चिपक गई थी।

राधेश्याम के हाथ से किताब छूटकर फर्श पर गिर पड़ी। "अर्जुन! यह... यह क्या हाल बना रखा है भाई? कहाँ थे तुम दिन भर?"

अर्जुन ने जवाब देना चाहा, पर उसके होंठ सूखे हुए थे, जैसे रेगिस्तान की मिट्टी। वह कुछ बोल न सका, बस दीवार का सहारा लेकर धीरे-धीरे फर्श पर ढह गया। उसके पैरों से निकलती हुई वह 'चप-चप' की आवाज़, जो कीचड़ और पसीने के मिश्रण से पैदा हो रही थी, उस कमरे की शांति को चीर रही थी।

बृजेन्द्र ने फुर्ती से उठकर बिजली का स्विच दबाया। रोशनी होते ही कमरे का नज़ारा और भी भयावह हो गया। अर्जुन के हाथ... वे हाथ जो कल तक कलम पकड़ने के लिए बने थे, आज मांस के लोथड़े जैसे लग रहे थे। हथेलियाँ पूरी तरह फट चुकी थीं और उनमें से पीला पानी और रक्त रिस रहा

था। छालों का रंग कहीं गहरा लाल था तो कहीं नीला पड़ चुका था।

"हे भगवान! तू तो मज़दूरी करने गया था अर्जुन?" किशन की आवाज़ कांप गई। वह झपटकर अर्जुन के पास पहुँचा और उसके धूल भरे बैग को अलग हटाया।

अर्जुन की आँखें अधखुली थीं। वह उन पाँचों दोस्तों के चेहरों को देख रहा था, जहाँ चिंता, क्रोध और बेबसी का एक मिला-जुला भाव था। राधेश्याम ने लोटा भरकर पानी आगे बढ़ाया, पर अर्जुन के हाथ इतने सूज चुके थे कि वह लोटा थामने की स्थिति में भी नहीं था। राधेश्याम ने सहारा देकर उसे दो घूँट पानी पिलाया।

"क्यों किया तुमने यह अर्जुन? क्या हम इतने पराये थे कि तुमने एक बार बताया भी नहीं?" बृजेन्द्र का स्वर भारी था, उसकी आँखों में गुस्सा था

पर दिल में अपने दोस्त की यह हालत देखकर हज़ारों खंजर चल रहे थे।

अर्जुन ने अपनी कमीज की अंदरूनी जेब से वे मुड़े-तुड़े १५० रुपये निकाले और फर्श पर रख दिए। उन रुपयों पर खून और पसीने के धब्बे साफ़ नज़र आ रहे थे। "माँ की दवा... और घर का राशन... ये कम पड़ रहे थे भाई। ताने सह सकता हूँ, पर पिता की लाचारी नहीं," अर्जुन की आवाज़ किसी कुएँ की गहराई से आती महसूस हुई।

उस छोटे से कमरे में इस समय 'गरीबी' अपनी नग्न अवस्था में नाच रही थी। उन १५० रुपयों की चमक उन लड़कों की आँखों में चुभ रही थी। वे समझ गए थे कि अर्जुन ने आज केवल पत्थर नहीं तोड़े थे, उसने अपनी जवानी के उस अहंकार को भी

तोड़ दिया था जो एक छात्र को मज़दूरी करने से रोकता है।

राधेश्याम ने बिना कुछ कहे कोने में रखा सरसों के तेल का डिब्बा उठाया। उसने एक पुरानी कटोरी में तेल गर्म करने के लिए हीटर चालू किया। तेल के पकने की वह तीखी गंध पूरे कमरे में फैल गई। अर्जुन ने जब अपनी हथेलियाँ राधेश्याम की ओर बढ़ाईं, तो उसके हाथ थर-थर कांप रहे थे।

जैसे ही राधेश्याम ने रूई के फाहे से वह गर्म तेल अर्जुन के छालों पर रखा, अर्जुन के मुँह से एक दबी हुई चीख निकली और वह पीछे की ओर मुड़ गया। उसका पूरा शरीर बिजली के झटके की तरह कांप उठा।

"सह ले भाई... सह ले... यह तेल ही तेरा घाव भरेगा," राधेश्याम ने खुद की आँखों में आए आँसुओं को पोंछते हुए कहा।

बाकी दोस्त पत्थर की मूरत बने खड़े थे। किशन ने धीरे से अर्जुन के कंधों को दबाया, जो पत्थर ढोने की वजह से सूजकर कड़े हो गए थे। उस रात उस कमरे में कोई किताब नहीं पढ़ी गई, कोई ठहाका नहीं गूँजा। वहाँ केवल एक मरहम की खुशबू थी और छह दोस्तों की सिसकियाँ। अर्जुन को उस दर्द के बीच भी एक सुकून महसूस हो रहा था–यह सुकून था अपनों के साथ का।

उस रात अर्जुन को नींद नहीं आई, पर उसे यह अहसास हो गया कि संघर्ष की इस आग में वह अकेला नहीं जल रहा है। उसके दोस्त उसके चारों ओर एक ऐसी दीवार बनकर खड़े थे, जिसे कोई गरीबी या कोई ठेकेदार नहीं ढहा सकता था।

सरसों के तेल की वह जलन रात भर अर्जुन की रगों में किसी बिच्छू के डंक की तरह दौड़ती रही।

नींद क्या आती, वह तो बस पीड़ा के एक अथाह सागर में गोते लगा रहा था। सुबह जब बनारस के मंदिरों के शंखों ने सूरज का स्वागत किया, तब अर्जुन की आँखें सूजी हुई और देह टूटी हुई थी। आज उसकी 'सेशनल परीक्षा' का पहला दिन था, और नियति का क्रूर मज़ाक देखिए–उसे उसी हाथ से पन्ने भरने थे, जिसकी चमड़ी कल पत्थर तोड़ते-तोड़ते उधड़ चुकी थी।

कमरे की खिड़की से आती सुबह की धुंधली रोशनी जब अर्जुन की मेज़ पर पड़ी, तो उसे अपनी किताबें किसी भारी चट्टान की तरह लगने लगीं। उसने हिम्मत बटोरी और अपना वह पुराना 'नीला पेन' उठाने की कोशिश की। जैसे ही उसकी उंगलियों ने पेन के ठंडे प्लास्टिक को छुआ, उसके छालों से एक तीखी कराह उठी। उंगलियों में इतनी सूजन थी कि वे मुड़ने को तैयार नहीं थीं। पेन पकड़ना तो दूर,

उसे छूना भी किसी जलते हुए अंगारे को छूने जैसा था।

राधेश्याम, जो तैयार होकर अपनी फटी हुई कमीज़ के बटन लगा रहा था, अर्जुन के पास आकर ठहर गया। उसने देखा कि अर्जुन का हाथ कांप रहा था और उसकी आँखों में हार न मानने वाली एक ज़िद आँसुओं के रूप में डबडबा रही थी।

"अर्जुन भाई, आज रहने दो। इस हाथ से लिखोगे तो ज़ख्म और गहरा हो जाएगा," राधेश्याम ने भर्राई आवाज़ में कहा।

अर्जुन ने एक गहरी और ठंडी साँस ली, "अगर आज नहीं लिखा राधेश्याम, तो कल को दुनिया कहेगी कि गरीबी ने एक और होनहार को निगल लिया। यह हाथ दर्द दे सकता है, पर मेरा भविष्य नहीं छीन सकता।"

अर्जुन ने अपनी कमीज़ का एक टुकड़ा फाड़ा और उसे अपनी हथेली पर लपेटा ताकि पेन की रगड़ छालों को सीधे न छुए। दर्द के मारे उसके माथे पर पसीने की बूंदें अभी से उभर आई थीं।

जब वह परीक्षा हॉल के भीतर पहुँचा, तो वहाँ का सन्नाटा उसे डराने लगा। सफ़ेद काग़ज़ के पन्ने मेज़ पर बिछे थे, मानो वे अर्जुन की लाचारी का उपहास उड़ा रहे हों। जैसे ही घंटी बजी और उसने लिखना शुरू किया, पहले ही अक्षर के साथ उसकी हथेली का एक छाला फूट गया। वह पीला पानी और रक्त का अंश उस सफ़ेद काग़ज़ पर एक धब्बे की तरह फैल गया। अर्जुन के मुँह से एक दबी हुई सिसकी निकली, पर उसने दांत भींच लिए।

पन्ने भरने लगे, पर हर शब्द के पीछे एक चीख छिपी थी। उसे याद आ रहा था जौनपुर का वह

कच्चा आँगन, जहाँ पिता ने उसके हाथ में पहली बार स्लेट और चौक दी थी। उसे याद आ रही थी माँ, जो कहती थी– "लल्ला, पढ़-लिख जाएगा तो इन काँटों भरी राहों से मुक्ति मिल जाएगी।" आज वही पढ़ाई का रास्ता काँटों से भी ज़्यादा नुकीला लग रहा था।

परीक्षा हॉल के पंखे की 'घर-घर' आवाज़ के बीच, अर्जुन की कलम उस काग़ज़ पर घिसट रही थी जैसे कोई घायल सैनिक युद्ध के मैदान में अपनी आखिरी तलवार चला रहा हो। तीन घंटे का वह समय अर्जुन के लिए तीन युगों के बराबर था। जब वह बाहर निकला, तो उसकी हथेली पर बंधा वह कपड़ा खून से लाल हो चुका था।

कॉलेज के गलियारे में खड़े होकर उसने आसमान की ओर देखा। सूरज की तपिश आज भी वैसी ही थी, पर अर्जुन का मन अब बदल चुका था। उसे

समझ आ गया था कि मज़दूरी ने उसका शरीर भले ही तोड़ दिया हो, पर उसकी आत्मा को वह फौलाद बना दिया है जो अब किसी भी चोट से नहीं टूटेगा।

उसी शाम, जब वह दर्द से कराहता हुआ हॉस्टल की सीढ़ियाँ चढ़ रहा था, उसे गलियारे में कुछ सीनियर छात्र मिले। वे 'यूपीएससी' (UPSC) के बड़े-बड़े ग्रंथों में डूबे हुए थे। उनके कमरों से आती उस चर्चा ने– "कैसे एक ज़िलाधिकारी का कलम पूरे समाज की तकदीर बदल सकता है"–अर्जुन के भीतर एक नई हलचल पैदा कर दी। उसे लगा कि वह बीसीए की इन कोडिंग वाली लाइनों के लिए नहीं बना है, उसे तो उस बड़ी लड़ाई का हिस्सा बनना है जहाँ से वह अपने जैसे हज़ारों बेबस पिताओं और मज़दूरों को इंसाफ दिला सके।

लेकिन एक सवाल फिर दीवार बनकर खड़ा था– 'पैसा'। परीक्षा के फॉर्म, किताबें और पेट की भूख।

तभी अर्जुन की नज़र पास ही के एक आलीशान गेस्ट हाउस के गेट पर पड़ी, जहाँ एक बुजुर्ग गार्ड कुर्सी डाले ऊंघ रहा था। अर्जुन के दिमाग में बिजली की तरह एक विचार कौंधा।

परीक्षा के उन लाल धब्बों वाले कागजों ने अर्जुन को यह तो समझा दिया था कि वह टूटने वालों में से नहीं है, पर पेट की भूख और भविष्य की चिंता किसी गहरी खाई की तरह मुँह बाए खड़ी थी। वह समझ चुका था कि दिन की मजदूरी उसके शरीर को इस कदर तोड़ देती है कि शाम को कलम पकड़ना भी दूभर हो जाता है। उसे एक ऐसे काम की तलाश थी जहाँ हाथ पत्थर न तोड़ें, बल्कि मन को पढ़ने का अवसर मिले।

यही सोचकर, एक शाम ढलते सूरज की पीली रोशनी में अर्जुन बनारस की गलियों को नापते हुए एक आलीशान इमारत के सामने जा खड़ा हुआ। वह

एक निजी बैंक का एटीएम और गेस्ट हाउस का साझा प्रवेश द्वार था। लोहे का विशाल फाटक और उस पर लगे नुकीले तीर जैसे कह रहे हों कि यहाँ केवल धन और रसूख की इज़ाज़त है। वहीं पास में एक सुरक्षा एजेंसी का दफ़्तर था, जहाँ धूल जमी कुर्सियों पर एक अधेड़ उम्र का आदमी बैठा फ़ाइलों में उलझा था।

अर्जुन ने साहस बटोरकर भीतर कदम रखा। "मलिक, क्या रात की ड्यूटी के लिए कोई जगह खाली है?"

उस आदमी ने चश्मा नाक पर टिकाया और अर्जुन के साफ मगर थके हुए चेहरे को देखा। "पढ़े-लिखे लगते हो लड़के। रात की पहरेदारी कोई खेल नहीं है, जागना पड़ता है और जाड़ा-पाता सब सहना पड़ता है। 9000 रुपये महीना मिलेगा और १२ घंटे की ड्यूटी। मंजूर है?"

अर्जुन को लगा जैसे किसी ने अंधेरी सुरंग के अंत में एक छोटा सा दिया जला दिया हो। उसने तुरंत सिर हिला दिया। मुंशी प्रेमचंद के पात्रों की तरह अर्जुन ने अपनी 'शिक्षा' को कुछ समय के लिए ताखे पर रख दिया और अपनी 'सुरक्षा' की वर्दी स्वीकार कर ली। वह वर्दी जो अर्जुन के कद से थोड़ी ढीली थी, पर उसके सपनों के बोझ के लिए शायद वही सही थी।

ड्यूटी की पहली रात... बनारस की गलियां अब सुनसान होने लगी थीं। घंटाघर की सुइयां रात के ग्यारह का अंक पार कर चुकी थीं। अर्जुन उस लोहे के फाटक के पास एक छोटी सी स्टूल डालकर बैठ गया। उसके हाथ में एक मोटी लाठी थी और कंधे पर झोला, जिसमें उसकी बीसीए की किताबें नहीं, बल्कि 'भारत का इतिहास' और 'संविधान' के कुछ पुराने नोट्स थे।

फाटक के ऊपर लगा एक पीला सोडियम लैंप अपनी मध्यम रोशनी चारों ओर बिखेर रहा था। वह रोशनी पूरी सड़क को तो रोशन नहीं कर पा रही थी, पर अर्जुन की मेज बनी उस स्टूल के लिए पर्याप्त थी। जब पूरी दुनिया नींद की आगोश में थी, जब हॉस्टल में उसके दोस्त मीठे सपने देख रहे थे, तब अर्जुन उस लैंप की पीली रोशनी के नीचे अपनी किस्मत का नया अध्याय लिख रहा था।

नींद एक बेरहम दुश्मन की तरह उसकी पलकों पर सवार होती। जब भी हवा का एक ठंडा झोंका आता, अर्जुन की आँखें मुँदने लगतीं। उसे लगता जैसे कोई उसे मखमल के बिस्तर पर लेटने का लालच दे रहा हो। पर तभी उसे अपने पिता के फटे हुए जूते और माँ की वह सिलाई मशीन की आवाज़ याद आ जाती। वह तुरंत अपनी आँखों पर ठंडे पानी की छीटें मारता और फिर से पन्नों में डूब जाता।

अर्जुन के पास भी ठंड से बचने के लिए कोई भारी लिहाफ नहीं था, बस एक सूती चादर और वह अटूट संकल्प था। वह रात भर जागता, गेट की आहट पर कान लगाता और खाली समय में मुगल साम्राज्य के पतन से लेकर भारत के स्वतंत्रता संग्राम तक की गाथाओं को कंठस्थ करता।

अजीब मंजर था वह–एक तरफ हाथ में सुरक्षा की लाठी थी और दूसरी तरफ मन में देश को बदलने की नीति। वह पहरेदार तो उस बैंक का था, पर वास्तव में वह अपनी उम्मीदों का पहरा दे रहा था। कभी-कभी गश्त पर निकली पुलिस की गाड़ी की लाल-नीली बत्ती उस सन्नाटे को चीरती, तो अर्जुन चुस्ती से खड़ा होकर उन्हें सैल्यूट करता। उस सैल्यूट में अपमान नहीं, बल्कि एक आने वाले कल का अभ्यास था। उसे लगता कि आज वह जिन्हें

सैल्यूट कर रहा है, कल वही उसकी नीति का पालन करेंगे।

जब भोर की पहली किरण गंगा की लहरों पर नाचती और मंदिर के घंटे बजने शुरू होते, अर्जुन अपनी किताबें समेटता। उसकी आँखें लाल होतीं, शरीर में हल्का बुखार सा महसूस होता, पर मन में एक ऐसी तृप्ति होती जो 9000 रुपये से कहीं बड़ी थी। वह थके कदमों से हॉस्टल लौटता, जहाँ दुनिया अपनी सुबह शुरू कर रही होती और अर्जुन अपनी 'रात की जंग' जीतकर सोने की कोशिश करता।

उस पीली रोशनी और रात की पहरेदारी ने अर्जुन को एक बात सिखा दी थी–कि सूरज उगने का इंतज़ार वो करते हैं जिनके पास रोशनी नहीं होती, जो खुद जलना जानते हैं, वे अपनी रात में भी उजाला कर लेते हैं।

रात की उस कड़ाके की पहरेदारी और पीले लैंप की मद्धम रोशनी में, जहाँ अर्जुन अपनी किस्मत के पन्ने पलट रहा था, वहीं समय की चाल ने एक नया करवट लिया। "परिश्रम वह चाबी है जो बंद से बंद भाग्य के तालों को भी खोल देती है।" अर्जुन की वह साधना, जो उसने जागकर काटी थी, अब फल देने की ओर बढ़ रही थी।

बीसीए (BCA) की पढ़ाई ने उसे कंप्यूटर और तकनीक की उन बारीकियों से रूबरू करा दिया था, जो आम इंसान की समझ से परे थीं। उसे समझ आने लगा था कि केवल पत्थर तोड़ने या लाठी लेकर जागने से ही जीवन नहीं सुधरेगा, बल्कि बुद्धि का सही नियोजन ही दरिद्रता की बेड़ियों को काट सकता है।

उसी दौर में अर्जुन की मुलाकात अपने एक पुराने मित्र से हुई, जो अब चार्टर्ड अकाउंटेंट (CA) के रूप

में अपनी धाक जमा रहा था। वह मित्र अर्जुन की मेहनत और ईमानदारी का कायल था। जब उसने अर्जुन के फटे हुए हाथों और रातों की उस ड्यूटी के बारे में सुना, तो उसका कलेजा पसीज गया।

"अर्जुन भाई, तू यह लाठी लेकर कब तक रातें काली करेगा? तेरे पास तो कंप्यूटर का हुनर है, तकनीक की समझ है। मेरे पास काम बहुत है और भरोसेमंद लोगों की कमी। तू मेरा हाथ बँटा," दोस्त ने अर्जुन के कंधे पर हाथ रखते हुए कहा।

यहीं से अर्जुन के जीवन में 'आईटीआर' (ITR), 'जीएसटी' (GST) और टैक्स फाइलों का वह दौर शुरू हुआ, जिसने उसकी गरीबी के घावों पर मरहम लगाना शुरू किया। मुंशी जी के उपन्यासों में जैसे किसी डूबते हुए को तिनके का सहारा मिलता है, वैसे ही अर्जुन के लिए ये टैक्स की फाइलें उम्मीद की नई किरण बन गईं।

वह दिन भर अपने दोस्त के दफ्तर के एक कोने में बैठा रहता। उसकी उंगलियां, जो कभी हथौड़े की मार से सूज गई थीं, अब कीबोर्ड पर बड़ी फुर्ती से थिरकने लगी थीं। जहाँ लोग जीएसटी के पेचीदा नियमों को देखकर सिर पकड़ लेते थे, अर्जुन अपनी एकाग्रता से उन उलझनों को ऐसे सुलझाता जैसे कोई कुशल बुनकर धागों को सुलझाता है।

अब रात की वह पहरेदारी छूट चुकी थी। अब वह रात को जागकर चोरों का डर नहीं पालता था, बल्कि लैपटॉप की स्क्रीन पर अंकों का खेल खेलता था। हर फाइल के साथ उसे कुछ पैसे मिलने लगे। वे पैसे मजदूरी के १५० रुपयों की तरह 'अपमानित' नहीं थे, बल्कि वे उसकी बौद्धिक क्षमता का सम्मान थे।

धीरे-धीरे अर्जुन की आर्थिक स्थिति में सुधार आने लगा। अब हॉस्टल के उस छोटे से कमरे में इंडक्शन

चूल्हा रोज़ जलने लगा था। अब उसे एक वक्त की रोटी छोड़कर पानी पीकर नहीं सोना पड़ता था। उसने माँ के लिए नई साड़ी और पिता के लिए मजबूत जूते भेजने का सपना फिर से सजाना शुरू किया।

लेकिन यह सुख भी अर्जुन को चैन से बैठने नहीं दे रहा था। उसके मन में अभी भी वह 'अघोरी बाबा' की बात गूँज रही थी और मणिकर्णिका की वह राख उसे याद दिला रही थी कि जीवन का लक्ष्य केवल सुख-सुविधाएँ जुटाना नहीं है। पैसा आने से पेट की भूख तो मिट गई थी, पर आत्मा की वह प्यास अभी भी बाकी थी, जो उसे एक 'अधिकारी' बनाने के लिए उकसा रही थी।

अब अर्जुन के पास पढ़ने के लिए किताबें भी थीं और उन किताबों को खरीदने के लिए पैसे भी। उसने दफ्तर के काम के बीच जो भी समय मिलता, उसमें अपनी 'यूपीएससी' (UPSC) की तैयारी की रफ्तार

और तेज कर दी। वह अब केवल एक छात्र या एक डाटा ऑपरेटर नहीं था, वह एक ऐसा तपस्वी बन चुका था जिसे पता था कि अब मंज़िल करीब है।

पर नियति को अभी एक और आखिरी दांव चलना था। जब जीवन की नाव किनारे लगने ही वाली होती है, तभी सबसे बड़ा तूफान आता है। एक शाम, जब अर्जुन अपने काम में डूबा हुआ था, जौनपुर से एक ऐसी खबर आई जिसने उसके हाथों से पेन और मन से चैन, दोनों छीन लिए।

तकनीक के उस नए हुनर और सीए (CA) दोस्त की मदद से अर्जुन की हथेली में कुछ सिक्के तो आने लगे थे, पर उन सिक्कों की खनक ने उसे सुस्त नहीं बनाया। बल्कि अब उसके भीतर एक ऐसी तड़प पैदा हो गई थी कि वह हर उस दरवाज़े को खटखटाना चाहता था जहाँ से उसकी तकदीर बदल सके। उन दिनों सरकारी नौकरियों की

परीक्षाओं का एक ऐसा दौर आया कि अर्जुन ने तय कर लिया कि वह एक भी मौका खाली नहीं जाने देगा।

अर्जुन अब एक 'खानाबदोश मुसाफिर' बन चुका था, जिसकी मंज़िल उसका अपना भविष्य था। एक के बाद एक, पाँच-छह दिनों के भीतर अलग-अलग शहरों में परीक्षाएँ थीं—कहीं कानपुर, कहीं लखनऊ, तो कहीं इलाहाबाद। अर्जुन के पास इतना धन नहीं था कि वह होटलों के ठाठ करे या आरामदेह सफर का आनंद ले। उसके लिए रेलगाड़ी का वह जनरल डिब्बा ही उसका घर था और स्टेशन का सीमेंट वाला ठंडा फर्श उसका बिस्तर।

रेलवे स्टेशन के उस कोलाहल भरे वातावरण में, जहाँ हज़ारों मुसाफिर अपनी-अपनी राह तक रहे थे, अर्जुन एक कोने में अपनी चादर बिछाए बैठा रहता। चारों तरफ की शोर-शराबे वाली दुनिया से बेखबर,

वह मद्धम रोशनी में अपनी फटी हुई किताबों के पन्ने पलटता। नींद उसकी आँखों में बोझ बनकर उतरती, पर उसे डर रहता कि कहीं आँख लगी और उसकी ट्रेन छूट गई तो माँ की उम्मीदों का वह आखिरी चिराग भी बुझ जाएगा।

स्टेशन पर सोने का अनुभव भी किसी तपस्या से कम न था। पत्थर की वह ठंडी जमीन रीढ़ की हड्डी में चुभती थी, और मच्छरों का वह तांडव नींद को कोसों दूर रखता था। रात के दो-तीन बजे जब ठंडक बढ़ती, तो वह अपनी फटी हुई कमीज़ को ही सिकोड़कर खुद को गर्माहट देने की कोशिश करता। मुंशी जी के 'हल्कू' की तरह उसके पास भी कोई 'जबरा' कुत्ता तो नहीं था, पर उसकी अपनी बेबसी ही उसकी संगति थी।

भोजन की बात आती तो अर्जुन का संयम देखने लायक होता। उन पाँच-छह दिनों में उसने अपनी

जीभ के स्वाद का गला घोंट दिया था। जहाँ कहीं किसी मंदिर के बाहर भंडारा दिखता या किसी गुरुद्वारे में लंगर की महक आती, अर्जुन अपनी कतार में चुपचाप खड़ा हो जाता। वह 'अमृत' जैसा भोजन ग्रहण करते समय उसकी आँखों में एक कृतज्ञता होती। और जब कहीं कुछ न मिलता, तो स्टेशन के बाहर खड़ा वह ठेले वाला, जो दस-बीस रुपये में दो सूखी रोटियां और पानी जैसी दाल देता था, वही उसका सहारा बनता। वह भोजन पेट तो नहीं भरता था, पर जीने की हिम्मत ज़रूर दे देता था।

एक शहर से दूसरे शहर का वह सफर... आँखों में नींद की लाली, चेहरे पर धूल की परत और मन में केवल एक ही धुन– 'परीक्षा'। वह थकावट के मारे गिर जाता, पर जैसे ही परीक्षा हॉल की घंटी बजती, उसके भीतर का वह 'योद्धा' जाग उठता। कलम

पकड़ते ही उसकी उँगलियों का दर्द गायब हो जाता और वह पन्ने ऐसे भरता जैसे अपनी रूह का सारा दर्द उन सफेदों पर उड़ेल रहा हो।

लगातार पाँच दिनों तक वही भाग-दौड़, वही स्टेशन की रातें और वही अनिश्चित भोजन। अर्जुन का शरीर कांटा हो चुका था, उसकी आँखें धंस गई थीं, पर उसका संकल्प हिमालय की तरह अडिग था। उसे महसूस हो रहा था कि यह केवल सरकारी नौकरी की परीक्षा नहीं है, यह उसके अस्तित्व की लड़ाई है।

जब वह अंतिम परीक्षा देकर वापस जौनपुर की ओर मुड़ने वाली ट्रेन में बैठा, तो उसका सिर खिड़की से टिका हुआ था। बाहर भागते हुए खेत और खलिहान उसे धुंधले दिख रहे थे। उसने अपनी जेब में हाथ डाला, जहाँ अब केवल कुछ चिल्लर बचे थे, पर उसके पास उन परीक्षाओं के अनुभवों की एक ऐसी पूँजी थी जो उसे दुनिया के किसी भी बैंक में

नहीं मिल सकती थी। उसे विश्वास था कि इन पाँचों में से कोई एक दरवाज़ा तो ज़रूर खुलेगा।

कॉलेज के उन आख़िरी दिनों की यादें आज भी अर्जुन के सीने में किसी जलते हुए दीये की तरह सुरक्षित थीं। परीक्षा के वे दिन, जब रातों की नींद और चैन सब कुछ किताबों की भेंट चढ़ चुका था, आख़िरकार अपना फल लेकर आए। जिस अर्जुन ने कभी अपने विषय की किताबों को ठीक से स्पर्श तक नहीं किया था, उसने बीसीए (BCA) में 98.7% अंक लाकर पूरे कॉलेज की दीवारों को अपने नाम से गुंजायमान कर दिया। यह महज़ अंकों का आंकड़ा नहीं था, बल्कि उन रातों की पहरेदारी और भूखे पेट की तपस्या का प्रतिफल था।

परिणाम वाले दिन कॉलेज के उसी पुराने नीम के पेड़ के नीचे छहों दोस्त इकट्ठा हुए थे। चेहरे पर सफलता की चमक तो थी, पर आँखों में भविष्य का

धुंधलका साफ़ नज़र आता था। सरकार की लचर व्यवस्था और ढिलाई ने उनके अरमानों पर जैसे ओस की बूंदें डाल दी थीं। परीक्षा पास करना तो आसान था, पर व्यवस्था के मकड़जाल से अपनी जॉइनिंग का पत्र निकाल लाना जैसे हिमालय लांघने जैसा था।

ये युवा अब उन पक्षियों की तरह थे जिन्होंने उड़ना तो सीख लिया था, पर आसमान में शिकारी बाज और व्यवस्था की कड़वाहट उन्हें पर फैलाने नहीं दे रही थी।

भाई, डिग्रियाँ तो हाथ में आ गईं, पर इनका करेंगे क्या? क्या इन्हें चाटकर पेट की आग बुझाई जा सकती है?" अंकुर ने अपनी मार्कशीट की ओर देखते हुए कड़वाहट भरी आवाज़ में कहा। उसकी बात में वह दर्द था जो हर उस नौजवान का होता है जो

मेहनत तो पूरी करता है, पर शासन की गलतियों का शिकार हो जाता है।

संदीप ने लंबी साँस खींचकर आसमान की ओर देखा, "जॉइनिंग कब मिलेगी, पता नहीं। और मिलेगी भी या नहीं, इस डर ने तो हड्डियों के भीतर तक थरथराहट पैदा कर दी है। घर वाले पूछेंगे कि बेटा 'अधिकारी' कब बन रहे हो, तो क्या जवाब देंगे? कि सरकार सो रही है?"

उस दोपहर की तपिश में उन छहों का शरीर कांपने लगा। यह कांपना गर्मी से नहीं, बल्कि उस अनिश्चित भविष्य के डर से था। उन्हें महसूस हो रहा था कि उनकी सारी मेहनत कहीं पानी में न मिल जाए। तभी अंकुर ने अपनी आँखों को सिकोड़ते हुए एक नया सुझाव दिया।

"क्यों न हमनी के सब जन ना D.Pharma (डी-फार्मा) कर लीन जाए? कहे की हमार चाचा करे

रहने हा त वो हमके बतावनी हा की येनहान कोर्स करे के बाद कुछ ना कुछ काम बढ़िया मिल जात है।" अंकुर की उस ग्रामीण बोली में एक ठोस उम्मीद थी। उसने बताया कि दवाइयों का काम कभी मंदा नहीं पड़ता और किसी भी निजी या सरकारी अस्पताल में गुज़ारे लायक नौकरी तो मिल ही जाएगी।

विचार सबको भा गया, पर समस्या फिर वही पुरानी थी–'धन'। बीसीए करने में ही उनके पिताओं की कमर टूट चुकी थी और अब डी-फार्मा की महंगी फीस का बोझ उठाना किसी पहाड़ को हिलाने जैसा था। सरकारी कॉलेज के लिए फिर से साल भर इंतज़ार करना पड़ता और प्राइवेट कॉलेज की फीस उनकी पहुँच से बाहर थी।

अर्जुन खामोश बैठा रहा। उसे अपने पिता के फटे हुए जूते और मामा नवीन का वह संघर्ष याद आ

रहा था। उसके पास भी पैसे नहीं थे, पर उसने मन ही मन दृढ़ निश्चय किया। उसने सोचा कि अगर करियर सुधारना है, तो जोखिम तो लेना ही होगा। उसने भी भारी मन से हामी भर दी।

सबने तय किया कि वे गाँव जाएंगे और जैसे भी हो, पैसों का इंतज़ाम कर वापस प्रयागराज लौटेंगे। बिछड़ने की वह बेला बड़ी मर्मस्पर्शी थी। अर्जुन ने अपना सामान समेटा और जौनपुर जाने वाली उस पुरानी ट्रेन की खिड़की वाली सीट पर जा बैठा। पूरे ढाई साल हो गए थे—ना होली, ना दिवाली, ना कोई तीज-त्योहार। उसने खुद को एक सन्यासी की तरह बनारस की गलियों में झोंक दिया था ताकि परिवार की स्थिति सुधार सके।

जैसे-जैसे ट्रेन जौनपुर की ओर बढ़ रही थी, अर्जुन का दिल ज़ोर-ज़ोर से धड़क रहा था। वह ढाई साल का लंबा वनवास अब समाप्त होने को था। स्टेशन

की वह परिचित गंध, कुली की वह पुकार और सोंधी मिट्टी की महक उसे पुकार रही थी। जब वह अपने गाँव के स्टेशन पर उतरा, तो उसकी आँखों में एक अजीब सी नमी थी। वह लड़का जो यहाँ से एक उम्मीद लेकर गया था, आज एक विजेता की तरह लौटा था, पर उसकी जेबें खाली थीं और कंधों पर एक नए और महंगे संघर्ष का बोझ था।

अर्जुन, जब ढाई साल के लंबे वनवास के बाद कोई बेटा अपनी उस मिट्टी पर लौटता है जहाँ उसकी जड़ें दबी हों, तो वह मिलन खुशी का नहीं, बल्कि एक अजीब सी टीस का होता है। मुंशी प्रेमचंद के शब्दों में कहें तो, "घर की गरीबी वह आईना है जिसमें अपनी हर सफलता फीकी लगने लगती है।"

स्टेशन की धूल भरी पगडंडी से होते हुए जब अर्जुन अपने गाँव की सीमा में दाखिल हुआ, तो डूबते सूरज की पीली रोशनी पुराने बरगद के पेड़ों से

छनकर उसके चेहरे पर पड़ रही थी। उसे लगा था कि गाँव उसे बाहें फैलाकर गले लगाएगा, पर उसे क्या पता था कि यहाँ तो 'कटाक्ष' और 'तानों' की एक मंडी सजी है।

जैसे ही वह गाँव की चौपाल के पास से गुजरा, वहाँ बैठे निठल्लों और हुक्का गुड़गुड़ाते बुजुर्गों की नज़रें उस पर गड़ीं। एक तीखी हंसी सन्नाटे को चीरती हुई आई, "अरे देखो भाई! कलक्टर साहब तशरीफ़ लाए हैं, ज़रा कोई ढोल-नगाड़ा तो बजाओ!" दूसरा बोला, "अरे नहीं चाचा, ये तो शायद दिल्ली की गद्दी छोड़कर सीधे खेत जोतने आए हैं। सुना है बहुत बड़े 'अफसर' की पढ़ाई कर रहे थे, पर झोला तो वही पुराना और फटा हुआ है।"

अर्जुन ने गर्दन नीची कर ली। उन शब्दों की धार किसी तेज़ नश्तर की तरह उसके कलेजे को चीर रही थी। उसे समझ आ गया था कि इस समाज के लिए

शिक्षा की कोई कीमत नहीं, यहाँ तो केवल 'पद' और 'पैसे' की पूजा होती है। बिना कुछ बोले, वह तेज़ कदमों से अपनी उस कच्ची ढहती हुई झोपड़ी की ओर बढ़ गया।

घर की चौखट पर पहुँचते ही उसे सिलाई मशीन की वह चिर-परिचित 'टिक-टिक' सुनाई दी। भीतर माँ बैठी थी, आँखों पर मोटा चश्मा चढ़ाए, झुककर किसी की फटी कमीज़ सी रही थी। अर्जुन की परछाईं जब देहलीज़ पर पड़ी, तो माँ के हाथ जैसे पत्थर के हो गए। उसने चश्मा उतारा और अपनी धुंधली आँखों को पल्लू से पोंछा।

"लल्ला! मेरा लल्ला आ गया!" माँ की वह पुकार किसी टूटे हुए साज की आवाज़ जैसी थी। वह उठी, पर उसकी कमर का झुकाव बता रहा था कि इन ढाई सालों में वक्त ने उस पर कितने ज़ुल्म ढाए हैं।

अर्जुन ने जब माँ के पैर छुए, तो उसके आँसू माँ के फटे हुए पैरों की बिवाइयों में जा गिरे।

घर के भीतर एक डरावना सन्नाटा और दरिद्रता का साम्राज्य था। छत का वह कोना, जहाँ से बरसात का पानी टपकता था, अब पूरी तरह ढह चुका था। माँ का चेहरा ख़ुशी से दमक तो रहा था, पर उस चमक के पीछे एक गहरी विवशता छिपी थी। वह रसोइघर की ओर भागी–जो महज़ तीन ईंटों का एक चूल्हा था। माँ का दिल तड़प उठा कि अपने बच्चे को क्या खिलाए? उसने अपनी साड़ी के छोर में बँधे उन चंद सिक्कों को टटोला जो उसने पड़ोसियों की सिलाई करके महीनों में जोड़े थे। उन सिक्कों की खनक में माँ की ममता और उसकी लाचारी, दोनों चीख रही थीं।

बाज़ार जाने की सामर्थ्य नहीं थी। माँ ने कांपते हाथों से आंगन के एक छोटे से कोने से ताज़ा

पालक तोड़ी और दो सूखे आलू निकाले। चूल्हा सुलगा, धुआँ उठा और पूरे घर में उस सादे भोजन की खुशबू फैल गई।

जब थाली अर्जुन के सामने आई, तो उसमें सिर्फ आलू-पालक की पानी जैसी पतली सब्जी और दो सूखी रोटियां थीं। माँ दूर बैठी उसे ऐसे निहार रही थी जैसे वह कोई पकवान खिला रही हो। अर्जुन ने पहला निवाला तोड़ा, पर वह उसके गले में अटक गया। उसे याद आया कि बनारस में वह इसी सब्जी का सपना देखता था, पर आज इस सब्जी का स्वाद उसकी आँखों से आंसू बनकर बह निकला।

"खा ले लल्ला, तेरे पसंद की ही बनाई है," माँ ने हौले से कहा, पर उसकी अपनी आँखें नीची थीं। उसे मलाल था कि ढाई साल बाद आए बेटे को वह एक टुकड़ा गुड़ भी न दे सकी।

अर्जुन ने देखा कि माँ की खुद की थाली खाली थी। वह शायद आज भी 'व्रत' का बहाना बनाकर सोने वाली थी। मुंशी जी के शब्दों में कहें तो, "दुनिया में माँ से बड़ा कोई दानी नहीं और गरीबी से बड़ा कोई शत्रु नहीं।" अर्जुन ने माँ का हाथ पकड़ा और उसे भी अपने साथ बिठाया। उस रात उस कच्ची झोपड़ी में, टूटी हुई छत के नीचे, माँ और बेटे ने वह 'अमृत' जैसा भोजन किया।

बाहर गाँव वाले अब भी हँस रहे थे, पर भीतर उस चूल्हे की मंद रोशनी में अर्जुन का संकल्प और भी दृढ़ हो गया था। उसे समझ आ गया था कि उसे केवल अपने लिए नहीं, बल्कि उस माँ के लिए लड़ना है जो अपनी भूख मारकर उसके सपनों को सींच रही है।

प्रयागराज की वह सुबह बनारस की सुबह से बिलकुल जुदा थी। यहाँ की हवा में एक अलग ही

ठहराव और भारीपन था। संगम की इस धरती पर जब अर्जुन ने डी-फार्मा के कॉलेज की देहलीज़ पर कदम रखा, तो उसके मन में वह अल्हड़ उत्साह नहीं था जो कभी बीसीए के पहले दिन हुआ करता था। अब उसके कंधों पर ढाई साल के संघर्ष का बोझ और माँ की उन आँखों की उम्मीदें थीं, जो विदाई के समय स्टेशन तक उसका पीछा कर रही थीं। "अनुभव इंसान को समय से पहले ही बूढ़ा बना देता है।" अर्जुन अब वह उन्मुक्त बालक नहीं था; वह तो एक मंझा हुआ मुसाफिर था जिसे पता था कि इस नए रास्ते की मंज़िल भी काँटों से भरी होगी।

कॉलेज की इमारत पुरानी और भव्य थी, जिसकी ऊँची मेहराबें और लाल ईंटें किसी बीते हुए दौर की गवाही दे रही थीं। गलियारों में फिनाइल और रसायनों (Chemicals) की वह तीखी गंध तैर रही

थी, जो दवाइयों की दुनिया की पहली पहचान होती है। अर्जुन ने अपना वही पुराना कपड़े का झोला सँभाला और क्लास की ओर बढ़ा। तभी उसे दूर से वही चिर-परिचित ठहाके सुनाई दिए।

"अरे देखो! हमारे कॉलेज का 'चाणक्य' आ गया!" राधेश्याम ने हाथ हिलाते हुए आवाज़ दी।

बृजेन्द्र, किशन, संदीप और अंकुर–वे पाँचों योद्धा फिर से एक साथ थे। एक-दूसरे को देखकर उनकी आँखों में जो चमक उभरी, वह शब्दों से परे थी। वे जानते थे कि उन सबके घरों की दास्ताँ एक जैसी है–वही टूटी छतें, वही कर्ज़ का बोझ और वही बूढ़े माता-पिता की उम्मीदें। पर आज वे फिर से एक नई लड़ाई के लिए तैयार थे।

क्लास के भीतर का दृश्य बीसीए जैसा नहीं था। यहाँ मेज़ों पर कंप्यूटर के बजाय सफेद कांच की बोतलें, परखनली (Test-tubes) और अजीबोगरीब

यंत्र रखे थे। अर्जुन जब अपनी सीट पर बैठा, तो उसे महसूस हुआ कि यह केवल दवाइयों की पढ़ाई नहीं है; यह तो जीवन को संजीवनी देने का हुनर सीखने की शुरुआत है। उसे याद आया कि कैसे गाँव में लोग मामूली बीमारी में भी उचित दवा न मिलने के कारण दम तोड़ देते थे। उसने मन ही मन सोचा– "क्या पता, इन बोतलों में बंद कोई रसायन एक दिन मेरे घर की गरीबी का इलाज बन जाए।"

दोपहर की क्लास शुरू हुई। प्रोफेसर का स्वर भारी था और वे 'फार्मास्यूटिक्स' की पेचीदगियों के बारे में बता रहे थे। अर्जुन बड़े गौर से हर शब्द को अपनी डायरी में उतार रहा था। उसकी उँगलियाँ, जो कभी पत्थर तोड़ते-तोड़ते सुन्न हो गई थीं, अब फिर से कलम की गरमाहट महसूस कर रही थीं। पर तभी खिड़की से बाहर देखते हुए उसकी नज़र आसमान में मंडराते हुए उन काले बादलों पर पड़ी।

प्रयागराज की उस उमस भरी दोपहर में अचानक एक अजीब सी बेचैनी अर्जुन के मन को घेरने लगी। उसे लगा जैसे हवा में कोई अनिष्ट साया मंडरा रहा हो। वह पढ़ाई में मन लगाने की कोशिश करता, पर रह-रहकर पिता का वह थका हुआ चेहरा उसकी आँखों के सामने आ जाता। पिता, जो इस समय १०*१० की उस कालकोठरी जैसे कमरे में अकेले होंगे या कहीं ड्यूटी पर तैनात होंगे।

क्लास खत्म हुई, और सूरज ढलने की तैयारी करने लगा। संगम की ओर से आती ठंडी हवा पसीने से भीगे शरीर को सहला रही थी, पर अर्जुन का दिल किसी अज्ञात डर से धक-धक कर रहा था। जैसे ही वे कॉलेज के गेट से बाहर निकले, अंकुर ने मज़ाक में कहा, "आज तो पहले दिन की खुशी में कुछ मीठा हो जाए?"

लेकिन अर्जुन के पैर जैसे ज़मीन में धंस गए थे। उसकी नज़र सड़क के उस पार खड़ी एक एम्बुलेंस पर पड़ी जिसकी सायरन की आवाज़ सन्नाटे को चीर रही थी। उसे अघोरी बाबा की वह बात याद आई– "नियति अपना खेल चुपचाप खेलती है बच्चा!" उसे क्या पता था कि जिस दवाइयों की दुनिया में उसने आज पहला कदम रखा है, उसकी ज़रूरत उसे अपने ही घर में इतनी जल्दी पड़ने वाली है।

उस रात जब वह अपने छोटे से कमरे में लैंप जलाकर पढ़ाई करने बैठा, तभी बाहर किसी के तेज़ कदमों की आहट हुई। दरवाज़ा खटखटाया गया, पर उस दस्तक में एक ऐसी हड़बड़ाहट थी जिसने अर्जुन के हाथ से पेन गिरा दिया।

नियति की क्रूरता भी बड़ी विचित्र होती है; वह तब प्रहार करती है जब मनुष्य अभी पिछले घावों को सहला ही रहा होता है। मुंशी प्रेमचंद के शब्दों में

कहें तो, "दुख जब आता है, तो अपने साथ पूरा कुनबा लेकर आता है।"

अभी कुछ ही दिन बीते थे जब अर्जुन के पिता मौत के पंजे से छूटकर आए थे। पेट के उस भयानक संक्रमण ने उन्हें कंकाल बना दिया था। उन दिनों अर्जुन की आँखों के आगे अंधेरा छा गया था, पर मामा नवीन एक मसीहा बनकर आए। उन्होंने अपनी मेहनत की गाढ़ी कमाई, अपना संचित धन, सब कुछ पानी की तरह बहा दिया ताकि उनके जीजा की सांसें बची रहें। लाखों रुपये खर्च हुए, अस्पताल की उन सफेद दीवारों के बीच अर्जुन ने रातों का चैन दफन किया, तब कहीं जाकर पिता के चेहरे पर जीवन की कुछ लाली लौटी थी।

अर्जुन ने चैन की सांस ली ही थी कि 'होनी' अपना सबसे वीभत्स रूप लेकर आ खड़ी हुई।

वह रात किसी काली बला की तरह चुपचाप दबे पाँव आई थी। प्रयागराज की सड़कों पर सन्नाटा पसर चुका था। अर्जुन के पिता, जिनका शरीर अभी उस बीमारी की मार से पूरी तरह उभरा भी नहीं था, अपनी मज़बूरी और गरीबी के कारण फिर से सुरक्षा गार्ड की उस लाठी को थामने के लिए विवश थे। वे एक गोदाम के बाहर अपनी ड्यूटी पर तैनात थे। रात का दूसरा पहर था, और ठंडी हवा के झोंके उनके कमजोर शरीर को कँपा रहे थे।

तभी, अंधेरे को चीरती हुई दो तेज़ रोशनियाँ काल की आँखों की तरह चमकती हुई बढ़ीं। एक मदहोश मोटर चालक, जिसे न किसी की जान की परवाह थी न कानून का खौफ, अपनी गाड़ी को हवा से बातें करा रहा था। एक जोरदार चीख, हड्डियों के टूटने की वह भयानक 'चटक' की आवाज़, और फिर वही सन्नाटा... जो अब मौत की गंध से भरा था।

गाड़ी वाला अपनी दरिंदगी के निशान छोड़कर भाग चुका था। सड़क पर अर्जुन के पिता लहूलुहान पड़े थे। वह पैर, जो परिवार का आधार था, अब माँस और खून का एक बेजान लोथड़ा मात्र रह गया था।

अर्जुन को जब खबर मिली, तो उसके हाथ से वह किताब गिर पड़ी जिसे पढ़कर वह दुनिया बदलने का सपना देख रहा था। वह नंगे पाँव, अस्त-व्यस्त हालत में अस्पताल की ओर भागा। अस्पताल के उस गलियारे में फिनाइल की गंध और लोगों की कराहों के बीच जब उसने स्ट्रेचर पर अपने पिता को देखा, तो उसकी रूह कांप गई।

पिता की आँखें दर्द से फटी जा रही थीं, पर उन आँखों में अपने शरीर की पीड़ा से कहीं ज़्यादा यह मलाल था कि वह फिर से अपने बेटे पर बोझ बन गए। सफेद चादर अब लाल हो चुकी थी। डॉक्टर की आवाज़ किसी ठंडी छुरी की तरह अर्जुन के कान में

गूँजी, "पैर की हड्डी कई जगह से चकनाचूर हो गई है। तुरंत ऑपरेशन करना होगा, वरना इन्फेक्शन पूरे शरीर में फैल जाएगा। बहुत पैसे लगेंगे।"

अर्जुन के पैरों तले ज़मीन खिसक गई। मामा ने अभी-अभी लाखों खर्च किए थे, अब फिर से वही पहाड़? उसकी जेब में रखे वे चंद रुपये उस ऑपरेशन की फीस के सामने रेत के दाने जैसे थे। उसने खिड़की के बाहर उस अंधेरी रात को देखा। उसे लगा जैसे यह रात कभी खत्म नहीं होगी।

"हे ईश्वर! क्या मज़दूर का भाग्य केवल ठोकरें खाना ही लिखा है?" अर्जुन ने मन ही मन चीखकर पूछा।

पिता का वह टूटा हुआ पैर केवल एक अंग नहीं था, वह अर्जुन के उन तमाम सपनों की कमर थी जो उसने डी-फार्मा और अधिकारी बनने के लिए सजाए थे। अब एक तरफ अस्पताल का बिल था,

दूसरी तरफ पिता की असहनीय पीड़ा, और बीच में खड़ा था–एक बेबस बेटा, जिसे अब मज़दूरी और पढ़ाई के बीच फिर से उस खूनी जंग को लड़ना था।

नियति की मार जब पड़ती है, तो वह मनुष्य के स्वाभिमान और शरीर दोनों को छलनी कर देती है। अर्जुन के लिए अब दिन और रात का भेद मिट चुका था। एक तरफ अस्पताल के बिस्तर पर पड़े पिता की कराहें थीं, और दूसरी तरफ डी-फार्मा की भारी फीस और दवाइयों का खर्च।

"पेट की आग और अपनों का मोह इंसान से वह सब करा लेता है, जिसकी कल्पना मात्र से रूह कांप जाए।"

प्रयागराज की वह रात उमस भरी और बोझिल थी। जब दुनिया सोने की तैयारी करती, अर्जुन अपनी पीठ पर दुखों का पहाड़ लादे उस रेलवे ट्रैक की ओर बढ़ जाता जहाँ नई पटरियाँ बिछाने का काम चल

रहा था। रात के सन्नाटे में दूर से आती इंजनों की सीटी उसे किसी डरावनी चीख जैसी लगती। वह जो दिन भर लैपटॉप की स्क्रीन पर उँगलियाँ चलाकर जीएसटी और आईटीआर की गुत्थियाँ सुलझाता था, अब उन्हीं कोमल हथेलियों से लोहे के भारी गाटर और नुकीले पत्थरों को थामने के लिए विवश था।

जैसे ही वह रेलवे की उस ऊबड़-खाबड़ ज़मीन पर पैर रखता, नुकीले पत्थर उसके फटे हुए जूतों के पार जाकर तलवों में चुभते। ठेकेदार की कर्कश आवाज़ गूँजती– "ऐ लड़के! सुस्त मत पड़, ये लोहा खड़ा करना है!"

अर्जुन ने जब वह ठंडा और भारी लोहे का लट्ठा अपने कंधे पर रखा, तो उसे लगा जैसे उसकी रीढ़ की हड्डी चक्की में पिसकर चूरा हो गई हो। कंधे की खाल पहले ही दिन छिल गई थी, और अब उस कच्चे ज़ख्म पर लोहे का जंग लगा हुआ ठंडा स्पर्श

किसी जलती हुई सुई की तरह चुभता। पसीना माथे से बहकर आँखों में जाता और फिर उन्हीं ज़ख्मों पर गिरता, जिससे शरीर का एक-एक रोम चीख उठता। मुंशी जी के 'होरी' की तरह, अर्जुन के चेहरे पर अब कोई भाव नहीं था, बस एक पत्थर जैसी जड़ता थी।

अजीब विडंबना थी–दिन में वह तकनीक का ज्ञाता था, फाइलों का लेखा-जोखा करता था, और रात होते ही वह महज़ एक 'बैल' बन जाता जो अपनी हड्डियों का रस निचोड़कर पैसा पैदा करता। कॉलेज अब सपना होता जा रहा था। जब दोस्त कॉलेज की कैंटीन में हँस रहे होते, अर्जुन अस्पताल की बेंच पर बैठा पुरानी किताबों को घूरता रहता। उसकी आँखों के नीचे काले घेरे गहरे हो गए थे और गाल धंस गए थे।

उसका शरीर अब जवाब देने लगा था। थकान ऐसी कि कभी-कभी पत्थर उठाते समय उसकी आँखों के

आगे अंधेरा छा जाता और दुनिया घूमने लगती। शरीर अब भोजन से नहीं, बल्कि दर्दनिवारक दवाइयों के भरोसे खड़ा था। हाथ-पाँव कांपते थे, पर जब वह अपनी जेब में रखे उन चंद रुपयों को छूता, जो उसने ५-५ रुपये बचाने के लिए १०-१० किलोमीटर पैदल चलकर बचाए थे, तो उसके भीतर का मरता हुआ संकल्प फिर से जी उठता।

वह ५ रुपये बचाने के लिए चिलचिलाती धूप में पैदल चलता, ताकि उन पैसों से पिता के लिए एक पट्टी या एक सिरप ज़्यादा खरीदा जा सके। वह जो कल तक 'साहब' बनने का ख्वाब देखता था, आज एक-एक पैसे के लिए अपनी देह को गला रहा था। रात की मज़दूरी के बाद जब वह भोर में घर लौटता, तो उसकी शर्ट पसीने और धूल से जमकर ऐसी सख्त हो जाती जैसे कोई लोहे का कवच हो। उस

सूखी शर्ट पर जमा सफेद नमक उसकी मेहनत का वह प्रमाण था जिसे दुनिया कभी नहीं देख पाती।

एक रात, जब वह रेलवे ट्रैक पर पत्थर ढो रहा था, उसके सीने में एक ऐसी तीखी चुभन उठी जैसे किसी ने नश्तर चुभो दिया हो। वह वहीं पटरी के किनारे बैठ गया। सामने से एक तेज़ रफ़्तार ट्रेन गुजरी, जिसकी खिड़कियों से आती रोशनी अर्जुन के धूल भरे चेहरे पर एक पल के लिए पड़ी और फिर अंधेरा छा गया। उस पल अर्जुन को लगा कि क्या उसका जीवन भी इस पटरी की तरह है–जिस पर लोग तो अपनी मंज़िल तक पहुँचेंगे, पर वह खुद इसी मिट्टी और जंग में दफ़न हो जाएगा?

पर जैसे ही उसे पिता का वह टूटा हुआ पैर याद आया, उसने अपनी कमीज़ के पल्लू से खून और पसीना पोंछा और फिर से वह भारी पत्थर उठा लिया। भगवान भी शायद ऊपर बैठकर इस बालक

की परीक्षा ले रहे थे। अर्जुन की आँखों से आँसू नहीं गिर रहे थे, क्योंकि उसके आँसू तो शरीर की गर्मी से सूख चुके थे। वह अब केवल एक मशीन था, जिसका मकसद था–पिता को बचाना और खुद को सिद्ध करना।

पैसे खत्म हो चुके थे, शरीर टूट चुका था, और कॉलेज की फीस की आख़िरी तारीख सिर पर थी। पर अर्जुन को क्या पता था कि जिस अंधेरी रात में वह आज खड़ा है, उसकी कोख से एक ऐसा सवेरा जन्म लेने वाला है जो उसकी सात पीढ़ियों का अंधकार मिटा देगा।

वह रात जो रेलवे की पटरियों पर पत्थर ढोते और पसीने में नहाते बीती थी, आखिरकार ढलने लगी। नियति ने अर्जुन की हड्डियों को चक्की में पीसा था, पर उसकी रूह को फौलाद बना दिया था। मुंशी प्रेमचंद के शब्दों में कहें तो, "जब मनुष्य अपने धैर्य

की अंतिम सीमा तक पहुँच जाता है, तब ईश्वर के द्वार स्वयं खुल जाते हैं।"

प्रयागराज की उस छोटी सी कोठरी में, जहाँ कभी केवल दवाइयों की महक और पिता की कराहें गूँजती थीं, आज एक डाकिया हाथ में एक सरकारी लिफाफा लिए खड़ा था। वह लिफाफा नहीं था, वह अर्जुन के उन तमाम आंसुओं का हिसाब था जो उसने अंधेरी रातों में बहाए थे। अर्जुन के कांपते हाथों ने जब उस लिफाफे को खोला, तो ऊपर मोटे अक्षरों में लिखा था– भारत सरकार: आयकर विभाग (Income Tax Department)।

वह 'जॉइनिंग लेटर' था। अर्जुन की आँखों के सामने एक पल के लिए वह पूरी फिल्म घूम गई–वह घंटाघर की मज़दूरी, वह ५ रुपये के लिए १० किलोमीटर पैदल चलना, वह फटी हुई कमीज पर जमा हुआ पसीने का नमक और पिता का वह

लहूलुहान पैर। उसकी आँखों से आँसू झरने लगे, पर ये आँसू पीड़ा के नहीं, बल्कि विजय के थे।

उसने भागकर वह पत्र पिता के सीने पर रख दिया। पिता, जो अब भी बिस्तर पर थे, उन्होंने धुंधली आँखों से उस कागज़ को छुआ। उनकी उंगलियाँ उस सरकारी मुहर पर ऐसे फिर रही थीं जैसे वे अपनी बरसों की गरीबी को मिटा रहे हों। पिता की आँखों से निकले दो बूंद आँसू उस पत्र पर गिरे, मानो उन्होंने अपने बेटे के संघर्ष को प्रमाणित कर दिया हो।

तभी कमरे का दरवाज़ा धड़धड़ाते हुए खुला और राधेश्याम, किशन, बृजेन्द्र, संदीप और अंकुर भीतर दाखिल हुए। सबके हाथों में वैसे ही लिफाफे थे। बनारस की गलियों से शुरू हुआ वह 'पागलों का टोला' आज एक साथ अपनी मंज़िल पर खड़ा था।

किसी की जॉइनिंग रेलवे में थी, तो कोई सचिवालय में 'अधिकारी' बन चुका था।

"देख अर्जुन! हमने कर दिखाया भाई! अब हमारी माँओं को सिलाई मशीन पर रातें नहीं काटनी पड़ेंगी!" अंकुर चिल्लाया और अर्जुन को गले लगा लिया। उस १०/१० के कमरे में आज ऐसी खुशी बिखरी थी जिसकी चमक के आगे सूरज भी फीका लग रहा था। उन छहों दोस्तों ने एक-दूसरे का हाथ थाम लिया। वे जानते थे कि यह सफलता केवल उनकी नहीं थी, यह उन पिताओं की थी जिन्होंने अपनी लाठियाँ घिस दी थीं और उन माँओं की थी जिन्होंने अपनी भूख बेचकर उन्हें पढ़ाया था।

जौनपुर के उस कच्चे घर में जब यह खबर पहुँची, तो माँ ने अपनी फटी साड़ी के पल्लू से आँखें पोंछते हुए पड़ोसियों को वही 'आलू-पालक' की सब्जी बड़े चाव से खिलाई। आज गाँव की चौपाल पर बैठने

वाले वे निठल्ले खामोश थे, जो कभी 'कलेक्टर साहब' कहकर तंज कसते थे। आज उनकी आवाज़ें अर्जुन के घर के बाहर होने वाले ढोल-नगाड़ों के शोर में दब चुकी थीं।

अर्जुन ने उस रात फिर से मणिकर्णिका घाट की ओर रुख किया। गंगा की लहरें वैसी ही थीं, पर आज अर्जुन के मन में कोई अशांति नहीं थी। उसे लगा जैसे हवा में अघोरी बाबा की वह आवाज़ फिर से तैर रही हो– "देख लिया बच्चा! सूरज तभी उगता है जब रात अपनी चरम सीमा पार कर लेती है।" आज अर्जुन के हाथ में वह भारी घन (हथौड़ा) नहीं था, बल्कि वह कलम थी जो अब उसकी और उसके परिवार की तकदीर लिखने वाली थी। वह 'आधी रात का सूरज' अब पूरी चमक के साथ उसके आंगन में उतर आया था। संघर्ष की वह लंबी यात्रा, जो फटे

जूतों से शुरू हुई थी, आज एक राजपत्रित अधिकारी (Officer) की वर्दी तक पहुँच चुकी थी।

नियति का चक्र अब अपनी पूरी गति से घूम चुका था। मुंशी प्रेमचंद के शब्दों में कहें तो, "परिश्रम का फल मीठा अवश्य होता है, पर जब वह संघर्ष की अग्नि में तपकर आता है, तो उसकी चमक कुंदन जैसी होती है।" आयकर विभाग की उस प्रतिष्ठित नौकरी ने अर्जुन के घर की दरिद्रता की जड़ें तो काट दी थीं, पर उसके भीतर का वह 'योद्धा' अभी शांत नहीं हुआ था। उसने मज़दूरी की थी, रातें जागी थीं और अपमान के घूँट पिए थे; उन सब अनुभवों ने उसके भीतर एक ऐसी तड़प पैदा कर दी थी कि वह सीधे व्यवस्था की उस कुर्सी पर बैठना चाहता था जहाँ से वह हज़ारों 'अर्जुन' के आँसू पोंछ सके।

आयकर विभाग के दफ़्तर में फाइलों के बीच काम करते हुए भी अर्जुन की मेज़ पर हमेशा बिहार लोक सेवा आयोग (BPSC) की किताबें सजी रहती थीं। दिन में वह सरकार का खज़ाना सँभालता और रात को लालटेन की मद्धम रोशनी में वह 'बिहार' के भूगोल और समाज की गुत्थियाँ सुलझाता। आयकर विभाग की वह सुरक्षित नौकरी उसे सुख तो दे रही थी, पर 'संतोष' नहीं।

आख़िरकार वह दिन आया जब बिहार पीसीएस (BPSC) का परिणाम घोषित हुआ। अर्जुन का नाम मेरिट लिस्ट में सबसे ऊपर के पायदानों पर था—वह 'अनुमंडल पदाधिकारी' (SDM) के पद पर चुन लिया गया था।

उस दिन आयकर विभाग के उस बड़े दफ़्तर में सन्नाटा छा गया जब अर्जुन अपना 'इस्तीफ़ा' (Resignation) लेकर अपने बड़े साहब के कमरे में

दाखिल हुआ। साहब ने चश्मा उतारकर अर्जुन को देखा और अचरज से पूछा, "अर्जुन, लोग इस नौकरी के लिए तरसते हैं और तुम इसे छोड़ रहे हो? क्यों?"

अर्जुन ने बड़ी विनम्रता और दृढ़ता के साथ जवाब दिया, "साहब, इस नौकरी ने मुझे पेट की रोटी दी है, पर उस नई ज़िम्मेदारी ने मुझे समाज की सेवा का मौका दिया है। मैंने वह गरीबी देखी है जहाँ पाँच रुपये के लिए इंसान दस किलोमीटर पैदल चलता है। मैं अब उन लोगों के लिए काम करना चाहता हूँ जो आज भी उसी 'घंटाघर' की मंडी में खड़े अपनी देह बेचने को मजबूर हैं।"

इस्तीफ़ा स्वीकार हुआ। आयकर विभाग के उस सुरक्षित आशियाने को अलविदा कहकर अर्जुन जब अपनी पोटली समेटकर बाहर निकला, तो उसके कदम हवा में थे। जौनपुर की उस कच्ची झोपड़ी में

जब खबर पहुँची कि उनका बेटा अब 'मजिस्ट्रेट' बन गया है, तो माँ की आँखों से ख़ुशी के वो आँसू गिरे जिन्होंने बरसों के सूखे को मिटा दिया।

जॉइनिंग का वह दिन... बिहार के उस ज़िले के कलेक्ट्रेट दफ़्तर में जब अर्जुन ने कदम रखा, तो उसे अपने वे 'मिट्टी से सने जूते' याद आए जिन्हें पहनकर वह कभी प्रोफेसर शर्मा की क्लास से निकाला गया था। आज वही अर्जुन था, पर आज उसके सामने अर्दली खड़ा था, पुलिस के जवान उसे सलामी ठोक रहे थे और मेज़ पर उसकी नाम की तख्ती रखी थी– 'अर्जुन कुमार, अनुमंडल पदाधिकारी'।

जैसे ही वह उस ऊँची कुर्सी पर बैठा, उसे अपनी रीढ़ की हड्डी में वही पुराना दर्द महसूस हुआ जो रेलवे ट्रैक पर पत्थर ढोने से हुआ था। उसने अपनी हथेलियों को देखा, जहाँ अब छालों के निशान तो

मिट चुके थे, पर उनकी यादें अभी भी ताज़ा थीं। उसने पहली फाइल उठाई और उस पर दस्तखत करने से पहले अपनी कलम को चूमा। उसे लगा जैसे अघोरी बाबा उसके कान में फुसफुसा रहे हों– "यही वह सूरज है बच्चा, जिसे ढूँढने तुम आधी रात को निकले थे।"

अर्जुन अब महज़ एक नाम नहीं था, वह एक 'मिसाल' था। उसने सिद्ध कर दिया था कि अगर संकल्प अटूट हो, तो 'घंटाघर' की मज़दूर मंडी से 'कलेक्टर' की कुर्सी तक का सफर नामुमकिन नहीं है। जौनपुर के उस कच्चे घर में अब पक्की छत पड़ चुकी थी, पिता का इलाज अब बड़े अस्पतालों में हो रहा था और माँ की आँखों में अब विवशता नहीं, बल्कि स्वाभिमान की चमक थी।

बिहार की उस लाल मिट्टी पर अर्जुन अब एक ऐसे सूरज की तरह चमक रहा था, जो केवल खुद को

नहीं, बल्कि पूरे समाज के अंधकार को मिटाने की कसम खा चुका था। मुंशी प्रेमचंद की अमर लेखनी में यह कहानी अब उस 'अमर गाथा' में बदल चुकी थी, जो आने वाली पीढ़ियों को यह बताएगी कि– "इंसान अपनी गरीबी से नहीं, अपने छोटे विचारों से हारता है।"

बिहार की उस लाल मिट्टी और अनुमंडल पदाधिकारी (SDM) की उस रौबदार कुर्सी पर बैठते हुए भी, अर्जुन की आँखों में एक और क्षितिज का सपना बाकी था। वह जानता था कि यह पद उसकी मंज़िल नहीं, बल्कि एक पड़ाव है।

"जिसकी आत्मा बड़ी होती है, उसे छोटी सफलताएँ चैन से बैठने नहीं देतीं।"

दिन भर फाइलों का ढेर, जनता की शिकायतें और प्रशासनिक आपाधापी के बीच अर्जुन अपने भीतर के उस छात्र को जीवित रखे हुए था। रात को जब पूरा

शहर सो जाता, तब लाल बत्ती वाली वह सरकारी गाड़ी बंगले के बाहर खामोश खड़ी रहती और भीतर वह 'आधी रात का सूरज' अपनी किताबों के साथ जागता।

वह दिन भी आया जब संघ लोक सेवा आयोग (UPSC) के अंतिम परिणाम की सूची जारी हुई। पूरे देश की नज़रें उस कंप्यूटर स्क्रीन पर टिकी थीं। अर्जुन ने कांपते हाथों से अपना रोल नंबर ढूँढा। जैसे ही 'AIR 10' (अखिल भारतीय रैंक 10) के सामने 'अर्जुन कुमार' का नाम चमका, कमरे में एक ऐसा सन्नाटा छा गया जो केवल एक महान विजय के बाद ही महसूस होता है।

आईएएस (IAS)... भारतीय प्रशासनिक सेवा! वह पद, जिसे भारत की सबसे ऊँची दीवार माना जाता है, आज उस लड़के के कदमों में था जिसने कभी

घंटाघर के चौराहे पर १५० रुपये के लिए अपनी देह बेची थी।

अर्जुन के चेहरे पर एक ऐसी मुस्कान खिंच गई जिसमें पिछला सारा दर्द, सारी पीड़ा और सारे अपमान एक पल में विलीन हो गए। वह मुस्कान वैसी ही थी जैसे पतझड़ के बाद पहली कोपल फूटती है। उसकी आँखों से जो आँसू गिरे, वे उन रेलवे पटरियों पर गिरे पसीने का कर्ज उतार रहे थे।

जौनपुर की उस चौखट पर जब यह खबर पहुँची, तो पूरे गाँव में जैसे बिजली कौंध गई। पिता का गर्व आज हिमालय से भी ऊँचा हो गया था। वे पिता, जो कभी टूटे पैर और पेट के संक्रमण के साथ अस्पताल के फर्श पर पड़े अपनी लाचारी पर रोते थे, आज गाँव की उसी चौपाल पर सीना तानकर खड़े थे। उनकी आँखों में आज वह चमक थी, जिसे देखकर गाँव के वे ताने मारने वाले लोग नज़रें चुराने लगे।

पिता के कांपते होंठों से बस यही निकला- "मेरे लल्ला ने आज मेरी गरीबी का हिसाब बराबर कर दिया।"

माँ का गर्व तो शब्दों की सीमा से परे था। माँ ने जब सुना कि उसका बेटा 'कलक्टर' बन गया है, तो वह सीधे उस चूल्हे के पास जाकर बैठ गई जहाँ उसने बरसों तक धुएँ में अपनी आँखें गलाई थीं। उसने अपने फटे हुए आंचल को सिर पर रखा और उस मिट्टी को चूमा जहाँ अर्जुन ने अपना बचपन बिताया था। माँ के लिए वह 'आईएएस' की डिग्री नहीं थी, वह तो उसके त्याग और उसके भूखे पेट रहने की साधना का वरदान था।

प्रयागराज और बनारस के वे छह दोस्त आज भी उसके साथ थे। राधेश्याम, अंकुर और बाकी सबने जब अर्जुन को 'आईएएस' की वर्दी में कल्पना की, तो उनके गले भर आए। उन्होंने महसूस किया कि

अर्जुन की यह जीत केवल उसकी नहीं, बल्कि उन सबकी सामूहिक जीत है जिन्होंने गरीबी की भट्टी में एक साथ तपना सीखा था।

अर्जुन जब पहली बार लाल बत्ती की गाड़ी से अपने गाँव की उन संकरी गलियों में दाखिल हुआ, तो वही धूल, वही मिट्टी और वही पुराने पेड़ साक्षी थे। पुलिस के जवान रास्ता साफ कर रहे थे, और पूरा गाँव सड़कों के दोनों ओर हाथ जोड़कर खड़ा था। अर्जुन गाड़ी से उतरा, पर वह सीधे अपने घर के भीतर गया और अपनी माँ के उन पैरों की धूल अपने माथे पर लगाई, जिनमें कभी बिवाइयाँ फटी थीं।

उसने अपने पिता का हाथ थामा, जिनकी लाठी अब लड़खड़ा नहीं रही थी, क्योंकि उनके पास अब उनके बेटे का मज़बूत सहारा था। मुंशी जी की भाषा

में कहें तो, "आज दरिद्रता पराजित हुई थी और परिश्रम का राजतिलक हुआ था।"

अर्जुन ने उस रात खिड़की से बाहर देखा। वह 'आधी रात का सूरज' अब अपनी पूर्णता को प्राप्त कर चुका था। वह अब केवल एक व्यक्ति नहीं, बल्कि उन करोड़ों नौजवानों की 'उम्मीद' बन चुका था, जो गरीबी की कोख से जन्म लेते हैं और दुनिया बदलने का माद्‌दा रखते हैं।

उसकी आँखों में अब वही पुरानी चमक थी, पर उसमें अब एक गंभीरता और सेवा का संकल्प जुड़ गया था। उसने मन ही मन कहा– "कलम अब मेरे हाथ में है, और अब किसी माँ का आंचल दरिद्रता की वजह से नहीं भीगेगा।"

जौनपुर की वह धूल भरी गलियाँ, माँ के फटे पैरों का वह स्पर्श और पिता की लाठी का वह गौरव– अर्जुन की स्मृतियों में किसी चलचित्र की तरह घूम

रहे थे। उसके मन में अभी भी वह शब्द गूँज रहे थे, "कलम अब मेरे हाथ में है, और अब किसी माँ का आंचल दरिद्रता की वजह से नहीं भीगेगा।"

अचानक, मेज पर रखे पानी के गिलास के टकराने की एक हल्की सी 'खनक' हुई।

अर्जुन की पुतलियाँ धीरे से हिलीं। बनारस की वह सोंधी महक और जौनपुर का वह कच्चा आँगन एक पल में ओझल हो गया। सामने मखमली कालीन बिछा था और ऊपर खामोश एसी अपनी शीतलता बिखेर रहा था। अर्जुन ने महसूस किया कि उसकी मुट्ठियाँ अभी भी भींची हुई हैं और उसकी उंगलियाँ उस पीतल की नेमप्लेट पर मजबूती से टिकी हैं, जिस पर 'आई.ए.एस.' खुदा था।

उसने एक लंबी और गहरी साँस ली। स्मृतियों का वह भारी सागर अब शांत हो चुका था।

जब उसने अपनी आँखें पूरी तरह खोलीं, तो सामने वही बूढ़ा जोड़ा अभी भी उसी करुण मुद्रा में खड़ा था। उनके चेहरों की झुर्रियाँ अर्जुन को फिर से उसी हकीकत की याद दिला रही थीं जिसे वह अभी-अभी जीकर आया था। अर्जुन को लगा कि वह बूढ़ा जोड़ा कोई अजनबी नहीं, बल्कि उसका अपना बीता हुआ कल है जो उससे इंसाफ की भीख माँग रहा है।

उसकी आँखों के कोनों में जमी नमी को पोंछते हुए अर्जुन अपनी उस ऊँची और भारी कुर्सी पर सीधा होकर बैठा। अब उसके चेहरे पर वह पुरानी चमक लौट आई थी, पर उसमें अब वह गंभीरता और संकल्प जुड़ गया था जो केवल एक तपे हुए कुंदन में होता है।

उसने मेज पर रखी उस सुनहरी फाउंटेन पेन को उठाया। उसे अहसास हुआ कि यह कलम महज़ एक औज़ार नहीं, बल्कि उन हज़ारों 'अर्जुन' और बेबस

माता-पिता की किस्मत लिखने वाली विधाता की उंगली है।

उसने शांत पर वज्र जैसी दृढ़ आवाज़ में अर्दली को पुकारा, "इन बाबा और दादी के लिए चाय लाओ और इन्हें ससम्मान सामने वाली कुर्सी पर बिठाओ।"

दफ्तर में मौजूद सचिव और अधिकारी हक्के-बक्के थे। उन्होंने अब तक फाइलों पर चलने वाली कलम देखी थी, पर आज उन्होंने उस कलम के पीछे छिपे एक 'इंसान' के जागने का वह दुर्लभ दृश्य देखा। अर्जुन ने उन बूढ़े बाबा की ओर देखा और बहुत ही कोमल स्वर में कहा, "बाबा, अब आप अपनी पूरी बात विस्तार से बताइये। आज इस दफ्तर से कोई फरियादी नहीं, बल्कि एक बेटा अपनी जड़ों को न्याय दिलाएगा।"

बूढ़े बाबा ने अपनी धुंधली आँखों से अर्जुन की ओर देखा और एक लंबी, कष्टदायी खाँसी का दौरा उन्हें

फिर से उसी पुरानी बेबसी के सागर में ले गया। उनकी खाँसी महज़ एक बीमारी नहीं थी, वह तो छाती के भीतर जमा उन बरसों के धुएँ और अपमान की चीख थी जो अब बाहर निकलने को बेताब थी। जब खाँसी रुकी, तो उन्होंने अपनी कांपती उंगलियों से उस मैले और मुड़े-तुड़े कागज़ को और भी मजबूती से थाम लिया, जैसे वह कागज़ नहीं, उनके अस्तित्व का आख़िरी टुकड़ा हो।

"साहब," बाबा ने रुंधे हुए गले से शुरू किया, "हमार वह दो बीघा ज़मीन ही हमार तीर्थ और हमार रोटी रही। वह खेत नहीं रहा, हमार पुरखों का पसीना रहा। गाँव का वह दबंग, ठाकुर भवानी सिंह... उसके पास लाठी भी है और रसूख भी। एक दिन वह अपने लठैतों के साथ हमार द्वार पर आ खड़ा हुआ। वह मुस्कान, साहब, वह मुस्कान हमार कलेजा छलनी कर देले रही।"

बाबा ने बताया कि कैसे वह दबंग हाथ में एक कोरा कागज़ लिए आया था और उसने उस पर अंगूठा लगवाने के लिए बाबा की गर्दन दबोच ली थी। वह ज़मीन जिस पर बाबा ने अपनी जवानी गलाई थी, वह एक ही पल में उस दबंग के आलीशान बागीचे का हिस्सा बन गई।

दबंग का चरित्र और दरिद्रता का नग्न रूप

बाबा की बातों से उस दबंग का चेहरा किसी डरावनी छाया की तरह अर्जुन के सामने उभर आया–चमकती हुई आँखों वाला वह इंसान, जो गरीबों की आह को अपना संगीत समझता था। बाबा ने जब अपनी ज़मीन के लिए मिन्नतें कीं, तो दबंग ने तंज कसते हुए कहा था, "बूढ़े, अब तू भगवान का भजन कर, माटी का मोह छोड़ दे।"

बूढ़ी दादी ने अपनी फटी साड़ी के पल्लू से सिसकते हुए जोड़ा, "साहब, हमनी के पास खाने को दाना

नहीं बचा। हमार बेटा शहर गया, पर उसकी कोई खबर नहीं आई। अब इस बुढ़ापे में हम कहाँ जाएँ?" उनकी आँखों में वह ठंडी बेबसी जमी थी जो किसी भी पत्थर दिल इंसान को पिघला दे।

अर्जुन ने अपनी भारी साखू की मेज से वह सुनहरी कलम उठाई और उसे अपनी कमीज की जेब में बड़ी सावधानी से खोंस लिया। उसकी आँखों में अब वह पुरानी नमी नहीं, बल्कि एक चट्टानी मज़बूती थी। उसने मेज पर रखी उस सफ़ेद कड़क टोपी को उठाया और उसे अपने सिर पर सलीके से सजाया। कमरे में खामोशी ऐसी थी कि अर्जुन की साँसों की आवाज़ साफ़ सुनी जा सकती थी। उसने उन बुजुर्गों की ओर देखा और बहुत ही कोमल स्वर में कहा, "बाबा, अब घबराइये मत। आज सरकारी गाड़ी आपकी सेवा के लिए खड़ी है।"

वह अपनी उस ऊँची और मखमली कुर्सी को पीछे धकेलकर खड़ा हुआ। अर्दली ने फुर्ती से भारी दरवाज़ा खोला और अर्जुन बाहर निकला। कलेक्टरेट के उस गलियारे में उसके जूतों की चाप आज किसी निर्णायक युद्ध के नगाड़े जैसी गूँज रही थी। दफ्तर के कर्मचारी और बाबू जो कुछ देर पहले फाइलों में डूबे थे, वे सब हाथ बाँधकर कतारों में खड़े हो गए। अर्जुन के चेहरे पर आज वह सौम्यता नहीं थी, बल्कि एक ऐसा कठोर अनुशासन था जिसे देखकर लोग अपनी नज़रें नीची कर रहे थे।

जैसे ही वह कलेक्टरेट के मुख्य पोर्टिको में पहुँचा, सूरज की तीखी रोशनी सफेद संगमरमर से टकराकर आँखों को चुँधिया रही थी। वहाँ सफेद स्कॉर्पियो खड़ी थी, जिसके ऊपर लगी नीली-लाल बत्ती अपनी शक्ति का मौन प्रदर्शन कर रही थी। सुरक्षाकर्मियों ने अपनी एड़ियां चटकाईं और एक कड़क सैल्यूट ठोका।

अर्जुन ने खुद आगे बढ़कर उस बूढ़े बाबा और दादी के लिए गाड़ी का दरवाज़ा खोला। यह दृश्य वहाँ मौजूद पुलिसकर्मियों के लिए अचरज भरा था, क्योंकि उन्होंने कभी किसी 'साहब' को एक फटेहाल बुजुर्ग के लिए दरवाज़ा खोलते नहीं देखा था।

गाड़ी के भीतर की ठंडी और खुशबूदार हवा ने जब उन बुजुर्गों को छुआ, तो वे थोड़े सहम गए। उन्होंने अपनी पूरी उम्र उस धूल और गर्द में बिताई थी जहाँ हवा भी सजा की तरह लगती थी। अर्जुन उनके बगल वाली सीट पर बैठ गया। ड्राइवर ने धीरे से क्लच छोड़ा और गाड़ी कलेक्टरेट के उस विशाल लोहे के गेट से बाहर निकल गई। जैसे ही सायरन की एक मद्धम सी गूँज हुई, सड़क पर चलते हुए लोग और गाड़ियाँ एक ओर सिमट गईं।

गाड़ी अब शहर की भीड़-भाड़ वाली गलियों को पीछे छोड़कर उस पक्की सड़क पर आ चुकी थी जहाँ दोनों

ओर हरे-भरे खेत और धूल से लदे पुराने पेड़ थे। अर्जुन खामोशी से खिड़की के बाहर देख रहा था। उसके हाथ अनजाने में ही अपनी कमीज के बटनों को सहला रहे थे। बाहर के दृश्य तेज़ी से बदल रहे थे। कहीं कोई मज़दूर सड़क किनारे पत्थर तोड़ रहा था, तो कहीं कोई किसान हल चला रहा था। अर्जुन की नज़र उन पर टिक जाती, पर वह अब अतीत में नहीं, बल्कि उन लोगों के भविष्य के बारे में सोच रहा था।

सफर जैसे-जैसे गाँव की ओर बढ़ रहा था, सड़क कच्ची और ऊबड़-खाबड़ होने लगी। स्कॉर्पियो के टायरों के नीचे दबती हुई सूखी मिट्टी का गुबार पीछे एक सफेद चादर की तरह फैलता जा रहा था। गाड़ी के झटकों ने उन बुजुर्गों को थोड़ा डरा दिया था, पर अर्जुन ने बाबा का हाथ थाम लिया। वह हाथ जो

मिट्टी और मेहनत से पत्थर हो चुका था, आज उस 'साहब' के मुलायम हाथों में सुरक्षित था।

गाँव की सीमा पर पहुँचते ही धूल की एक पुरानी महक अर्जुन के नथुनों से टकराई। यह वही सोंधी मिट्टी थी जिसने अर्जुन को जन्म दिया था, पर आज वह यहाँ किसी का बेटा बनकर नहीं, बल्कि न्याय का विधाता बनकर आया था। दूर से गाँव की वह पुरानी चौपाल नज़र आने लगी जहाँ बरगद के पेड़ के नीचे लोग हुक्का गुड़गुड़ाते हुए दुनिया भर की बातें किया करते थे। जैसे ही लाल-नीली बत्ती की चमक उन ग्रामीणों की आँखों में पड़ी, पूरे गाँव में एक सनसनी फैल गई। लोग अपने घरों से बाहर निकल आए। बच्चों का एक झुंड उस चमचमाती गाड़ी के पीछे दौड़ने लगा।

गाड़ी अब उस दबंग, भवानी सिंह के आलीशान घर की ओर बढ़ रही थी, जिसकी ऊँची दीवारें और लोहे

का विशाल गेट गाँव की गरीबी का मज़ाक उड़ाते हुए खड़े थे। अर्जुन ने महसूस किया कि उसके भीतर का वह 'मजिस्ट्रेट' अब पूरी तरह जाग्रत हो चुका है। उसने खिड़की का शीशा नीचे उतारा। गर्म हवा का एक झोंका भीतर आया, जिसमें खाद और पसीने की मिली-जुली गंध थी। अर्जुन के चेहरे पर अब एक कठोर मुस्कान थी—वह मुस्कान जो केवल तब आती है जब न्याय का पहिया अन्याय को कुचलने के लिए तैयार हो।

गाड़ी उस दबंग के द्वार पर जाकर रुकी। टायर की घिसाई से उठी धूल ने उस आलीशान बंगले के सामने एक कोहरा सा पैदा कर दिया। सन्नाटा ऐसा था कि गाड़ी के इंजन की हल्की सी आवाज़ भी किसी तूफान जैसी गूँज रही थी।

गाड़ी के रुकते ही गाँव का वह सन्नाटा और भी गहरा हो गया, जैसे किसी तूफान के आने से पहले

पक्षी चहचहाना बंद कर देते हैं। अर्जुन गाड़ी से उतरा, तो उसके चेहरे पर एक ऐसी पत्थर जैसी जड़ता थी जिसे देखकर गाँव के वे लोग भी सहम गए जो कभी उसे ताने मारते थे। उसने अपनी कलाई घड़ी पर नज़र डाली और फिर उस आलीशान बंगले के विशाल लोहे के गेट को देखा जो गाँव की दरिद्रता का मज़ाक उड़ा रहा था।

अर्जुन ने बिना किसी हिचकिचाहट के कदम बढ़ाए। उसके सफ़ेद कड़क जूतों की चाप उस दबंग के बरामदे में किसी सैनिक के मार्च की तरह गूँज रही थी। जैसे ही वह भीतर दाखिल हुआ, सामने ही एक ऊंचे सागवान के सोफे पर भवानी सिंह बैठा था। उसके चेहरे पर वही पुराना अहंकार था और मुँह में पान दबा था। आस-पास उसके कुछ लठैत खड़े थे जो आने वाले 'साहब' को अपनी तिरछी नज़रों से तौल रहे थे।

भवानी सिंह ने एक तिरस्कार भरी मुस्कान के साथ अपनी जगह से उठने की जहमत तक नहीं की। उसने अपनी मूंछों पर ताव देते हुए कहा, "अरे! कलेक्ट्रेट से कोई नया पंछी उड़ा है क्या? साहब, यहाँ की हवा थोड़ी गरम है, कहीं आपके पंख न झुलस जाएँ।"

अर्जुन ने उसकी बात का कोई जवाब नहीं दिया। उसने बड़ी शांति से अपनी जेब से वह सुनहरी फाउंटेन पेन निकाला और उसे मेज पर इस तरह रखा जैसे कोई योद्धा अपनी तलवार रखता है अर्जुन की आँखों में एक ऐसी तीखी चमक थी जिसने भवानी सिंह के उस झूठे आत्मविश्वास को हिलाकर रख दिया।

"भवानी सिंह," अर्जुन का स्वर धीमा था पर उसमें बिजली सी कड़क थी, "मैं यहाँ हवा का मिजाज़ पूछने नहीं आया हूँ। पीछे उस गाड़ी में वह बुजुर्ग

जोड़ा बैठा है जिसकी दो बीघा ज़मीन तुमने अपने रसूख के नीचे दबा रखी है। कानून की किताब में इसे 'जमीन हड़पना' कहते हैं और मेरी किताब में इसे 'पाप'।"

भवानी सिंह खिलखिलाकर हंसा, पर उस हंसी में अब वह पुरानी खनक नहीं थी। "साहब, कागज़ बोलते हैं। उस बूढ़े ने अपनी मर्जी से अंगूठा लगाया है। अब आप यहाँ न्याय करने आए हैं या बस धूल उड़ाने?"

अर्जुन ने मेज पर झुके बिना, उसकी आँखों में आँखें डालकर कहा, "कागज़ वही बोलते हैं जो सत्ता बुलवाना चाहती है, पर आज यह कलम वह बोलेगी जो सत्य है। तुम्हारे पास ठीक एक घंटा है। या तो तुम वह ज़मीन ससम्मान उन बुजुर्गों को वापस कर दो, वरना अगले एक घंटे में तुम्हारी इस हवेली की

दीवारों से सरकारी कुर्की के नोटिस चिपकेंगे। चुनाव तुम्हारा है—इज्ज़त या यह अवैध कब्ज़ा।"

दबंग के माथे पर पसीने की पहली बूंद उभरी। उसने आज तक अधिकारियों को या तो बिकते देखा था या दबते, पर यह 'आईएएस' अफसर किसी और ही मिट्टी का बना था अर्जुन का अंदाज़ ऐसा था कि वहाँ खड़े लठैतों ने भी अपनी लाठियाँ पीछे कर लीं।

अर्जुन ने अपनी घड़ी की ओर देखा और फिर खामोशी से उस बंगले के आंगन में जाकर खड़ा हो गया, जहाँ गाँव की वह मिट्टी उड़कर उसके जूतों पर बैठ रही थी वह इंतज़ार कर रहा था, और उसका वह इंतज़ार भवानी सिंह के अहंकार पर किसी भारी घन (हथौड़े) की चोट की तरह पड़ रहा था।

आँगन में खड़ा अर्जुन किसी अडिग पर्वत की तरह शांत था, पर उसके भीतर न्याय की वही ज्वाला धधक रही थी जो कभी मणिकर्णिका के घाट पर सुलगी थी। उसकी सफेद कड़क कमीज़ पर गाँव की धूल की एक महीन परत जमने लगी थी, पर वह धूल उसे मैला नहीं, बल्कि और भी प्रखर बना रही थी। भवानी सिंह के आलीशान बंगले के गुंबद सूरज की रोशनी में चमक रहे थे, पर उस चमक के पीछे गरीबों के आंसुओं का काला साया छिपा था।

भवानी सिंह, जो अब तक अपने सोफे पर जमा बैठा था, अर्जुन की उस खामोश धमक से तिलमिला उठा। उसने पान की पीक थूकी और तेज़ कदमों से आँगन की ओर आया। उसके पीछे उसके लठैतों की टोली भी दबे पाँव चली आई, जो अब तक केवल लाठी के जोर पर हुकूमत करना जानते थे। भवानी सिंह ने अपनी भारी आवाज़ में रौब गाँठने की

कोशिश की, "साहब, आप जिस कुर्सी पर बैठे हैं, वह हमने कई बार बिकते और बदलते देखी है। यह दो बीघे का टुकड़ा हमारी आन का सवाल है, इसे छोड़ना हमारे लिए मौत के समान है।"

अर्जुन ने धीरे से अपनी गर्दन घुमाई। उसके चेहरे पर एक ऐसी विरक्ति थी जैसे वह किसी तुच्छ वस्तु को देख रहा हो। उसने चश्मा उतारा और अपनी जेब से निकाले रुमाल से उसे पोंछते हुए शांत स्वर में कहा, "आन वही होती है भवानी सिंह, जो सत्य के साथ खड़ी हो। जिस ज़मीन पर तुमने कब्ज़ा किया है, वह आन नहीं, तुम्हारी अंतरात्मा का कोढ़ है।" अर्जुन की आँखों में एक ऐसा तीखापन था जिसने भवानी सिंह की नज़रों को ज़मीन की ओर झुकने पर मजबूर कर दिया।

तभी गाँव की वह भीड़, जो अब तक गेट के बाहर दुबकी खड़ी थी, साहस बटोरकर भीतर की ओर

झाँकने लगी। अर्जुन ने अपने सचिव की ओर इशारा किया, जिसने तुरंत एक मखमली फाइल खोली। उस फाइल में न केवल बाबा की ज़मीन के असली कागज़ थे, बल्कि भवानी सिंह के उन तमाम काले कारनामों का कच्चा चिट्ठा था जो उसने सरकारी जमीनों पर कर रखे थे।

"समय खत्म होने वाला है, भवानी सिंह," अर्जुन ने अपनी कलाई घड़ी की ओर संकेत किया। "एक तरफ वे कागज़ हैं जो तुम्हें जेल की कोठरी तक ले जाएंगे, और दूसरी तरफ वह माफ़ीनामा है जो इन बुज़ुर्गों का हक उन्हें वापस दिला सकता है।"

दबंग का अहंकार अब पानी की तरह बहने लगा था। उसे समझ आ गया था कि यह 'साहब' कोई साधारण अधिकारी नहीं, बल्कि वह न्याय का विधाता है जिसने अपनी हड्डियों का रस निचोड़कर यह मुकाम हासिल किया है। भवानी सिंह ने अपने

लठैतों की ओर देखा, जिनकी हिम्मत अब जवाब दे चुकी थी। वे वही लठैत थे जो कभी अर्जुन जैसे युवाओं को हिकारत से देखते थे, पर आज वे एक 'आईएएस' की वर्दी के सामने पत्थर के बुत बने खड़े थे।

अर्जुन ने उस बूढ़े बाबा और दादी को इशारा किया, जो अब गाड़ी से उतरकर कांपते कदमों से भीतर आए थे। उनके चेहरों की झुर्रियों में उम्मीद का एक नया सूरज उगता हुआ दिख रहा था। भवानी सिंह ने कांपते हाथों से वह कलम उठाई–वही सुनहरी कलम जो अर्जुन ने मेज पर रखी थी। जैसे ही उसने बेदखली के कागज़ों पर हस्ताक्षर किए, अर्जुन को लगा जैसे बरसों से रुका हुआ कोई बांध टूट गया हो।

"न्याय महज़ कागज़ों पर नहीं होता, भवानी सिंह, उसे मस्तक पर तिलक की तरह लगाना पड़ता है,"

अर्जुन ने कड़क आवाज़ में कहा। उसने वह कागज़ बाबा के हाथ में दिया। बाबा ने जब उस कागज़ को छुआ, तो उन्हें लगा जैसे उनकी मरती हुई साँसों को नया जीवन मिल गया हो।

गाँव की उस चौपाल पर, जहाँ कभी अर्जुन के परिवार का मज़ाक उड़ाया जाता था, आज जय-जयकार की गूँज उठी। अर्जुन ने अपनी स्कॉर्पियो का दरवाज़ा खुद खोला और उन बुजुर्गों को वापस सम्मान के साथ बिठाया। जब गाड़ी वापस शहर की ओर मुड़ी, तो अर्जुन ने पीछे मुड़कर एक आख़िरी बार उस गाँव की धूल को देखा। उसे महसूस हुआ कि उसकी सफलताओं का असली मंदिर वह आलीशान बंगला नहीं, बल्कि वह संतुष्टि है जो एक गरीब के आँसुओं को पोंछने से मिलती है।

बूढ़े बाबा और दादी को उनकी माटी का हक दिलाकर अर्जुन जब वापस अपनी गाड़ी की ओर बढ़ा,

तो उसके मन में एक अलग ही हलचल मची थी। गाड़ी की खिड़की से बाहर भागते हुए खेतों को देखते हुए उसे अपना वह अतीत याद आने लगा जिसे उसने बरसों पहले हंडिया की उन गलियों में पीछे छोड़ दिया था। अर्जुन का जन्म तो हंडिया में हुआ था, पर नियति ने उसे वहां की जड़ों से बहुत पहले ही उखाड़ दिया था। जब वह केवल दो साल का था, तभी उसके माता-पिता को उस पुश्तैनी घर से दूध में मक्खी की तरह निकाल बाहर किया गया था। उस वक्त उसके पास न रहने को छत थी और न सिर छिपाने को कोई ठौर, तब जौनपुर के ननिहाल ने उसे अपनी गोद में पनाह दी थी।

आज पूरे सोलह-सत्रह साल बीत चुके थे। अर्जुन केवल एक बार 15 साल की उम्र में अपनी बहन की मृत्यु पर हंडिया लौटा था, और वह याद भी केवल आंसुओं और अपमान से भरी थी। पर आज

वह 'आईएएस' की उस लाल-नीली बत्ती वाली गाड़ी में सवार होकर वापस अपनी उसी मिट्टी की ओर रुख कर रहा था जहाँ से उसे तिरस्कृत किया गया था। ड्राइवर ने जैसे ही गाड़ी हंडिया की ओर मोड़ी, अर्जुन के सीने में स्मृतियों का एक ज्वार उमड़ने लगा।

गाँव की सरहद पर पहुँचते ही धूल का वही पुराना गुबार उठा। गाड़ी जैसे ही उस पुश्तैनी हवेली के सामने रुकी, पूरा गाँव उमड़ पड़ा। अर्जुन गाड़ी से बाहर निकला। उसके सफ़ेद कड़क जूतों की धमक उस आंगन में गूँजी जहाँ कभी उसके पिता के फटे जूते ज़मीन को छूने से कतराते थे। आंगन के बीचों-बीच दादी आज भी उसी अहंकार की मूरत बनी बैठी थीं, पर उनकी आँखों में वह पुराना रौब अब झेंप में बदल रहा था। बड़ी बुआ, जिनके ताने कभी अर्जुन के कान फाड़ देते थे, आज अपनी साड़ी का पल्लू

सँभालती हुई खंभे के पीछे दुबक रही थीं। उनकी गर्दन, जो कभी दूसरों को नीचा दिखाने के लिए तनी रहती थी, आज शर्म के बोझ से झुकी हुई थी।

छोटी बुआ और दूसरे चाचा आज भी अपने अहंकार की उसी भट्टी में जल रहे थे। वे चौपाल पर बैठकर अभी भी जहर उगल रहे थे, "आईएएस बन गया तो क्या पहाड़ तोड़ दिया? आखिर है तो उसी पहरेदार का बेटा ही।" उनकी ईर्ष्या इतनी गहरी थी कि वे अर्जुन की सफलता को स्वीकार करने के बजाय उसमें कमियां ढूँढ रहे थे। उनके अपने बेटे, जिन्हें वे परिवार का असली वारिस कहते थे, आज गाँव की गलियों में आवारागर्दी कर रहे थे और परिवार का नाम मिट्टी में मिला चुके थे।

तभी छोटे चाचा और चाची भीड़ को चीरते हुए आगे आए। उन्होंने संघर्ष के दिनों में अर्जुन का साथ नहीं दिया था, क्योंकि अर्जुन के घर छोड़ने के

बाद उन्हें पता ही नहीं था कि वह कहाँ और किस हाल में है। पर आज जब उन्होंने अपने भतीजे को इस गौरवमयी वर्दी में देखा, तो उनकी आँखों में पश्चाताप और स्नेह का एक मिला-जुला भाव उमड़ पड़ा। उन्होंने अर्जुन के सिर पर हाथ रखा। उनके इस व्यवहार से दादी और बड़ी बुआ के कलेजे पर सांप लोटने लगा।

अर्जुन ने महसूस किया कि आज उसके पास वह सब कुछ है जिसके लिए वह कभी तरसता था। जिस लड़के के पास कभी रहने को घर नहीं था, आज उसके लिए सरकारी बंगले के द्वार खुले थे। जिसके पास कभी पैदल चलने की ताकत नहीं बची थी, आज उसके पास गाड़ियों का लंबा काफिला था। पर अर्जुन के मन में कोई घमंड नहीं था। उसने झुककर दादी के पैर छुए। दादी का हाथ कांपते हुए उसके सिर पर पड़ा, पर उनकी चुप्पी में आज भी वह

पुराना अहंकार और हार की एक अजीब सी टीस थी।

चाची ने आगे बढ़कर अर्जुन की आरती उतारनी चाही, तो उनकी आँखों से ख़ुशी के आंसू टपक कर उस थाली में गिर पड़े। उनके हाथ कांप रहे थे। उन्हें याद आ रहा था वह दो साल का बच्चा जिसे गोद में लेकर उसके माँ-बाप दर-दर भटकने को मजबूर हुए थे। आज वही 'लल्ला' एक जिले का भाग्य विधाता बनकर खड़ा था। छोटे चाचा का सीना गर्व से इतना फूल गया था कि उनकी आवाज़ तक नहीं निकल रही थी। वे बस टकटकी लगाए अर्जुन की उस कड़क वर्दी और उस पर लगे तमगों को देख रहे थे। वे बार-बार अर्जुन के कंधे पर हाथ रखते और फिर संकोच में पीछे हट जाते, मानो उन्हें यकीन ही न हो रहा हो कि यह वही खून है जिसे कभी घर से निकाल दिया गया था।

हवेली के भीतर का सन्नाटा आज बहुत गहरा और कड़वा था। दादी अपने कमरे की चौखट पर खड़ी थीं, उनका शरीर बुढ़ापे और अहंकार के बोझ से झुक गया था, पर आँखों में अब भी वही पुरानी हठ बाकी थी। उनके लिए अर्जुन की यह सफलता एक तमाचा थी, क्योंकि उनके अपने लाडले, जिन्हें उन्होंने हवेली का वारिस बनाया था, आज जुए और शराब की लत में डूबे हुए थे। बड़ी बुआ और दूसरे चाचा, जो हमेशा अर्जुन के पिता को 'पहरेदार' कहकर चिढ़ाते थे, आज अपनी ही परछाईं से नज़रें चुरा रहे थे। उनकी ईर्ष्या अब एक ठंडी राख बन चुकी थी, जिसमें जलन तो थी पर चमक गायब थी।

अर्जुन का अंदाज़ एकदम शांत और राजसी था। उसने अपना चश्मा उतारा और एक नज़र उस टूटे हुए छज्जे पर डाली जहाँ से वह कभी बचपन में झाँकता था। उसने अपनी जेब से वह सुनहरी

फाउंटेन पेन निकाला, जिसने आज सुबह ही एक दबंग का अहंकार कुचला था। उसने वह पेन अपने छोटे चाचा के हाथ में थमा दिया। "चाचा, यह कलम केवल मेरी नहीं है, यह उन सिसकियों का जवाब है जो हमारे परिवार ने बरसों तक झेली हैं।"

गाँव के लोग, जो कभी उसे 'कलक्टर साहब' कहकर मज़ाक उड़ाते थे, आज हाथ जोड़कर कतारों में खड़े थे। अर्जुन ने महसूस किया कि अपमान का सबसे बड़ा बदला 'सफलता' होती है। जिसके पास कभी चलने को साइकिल नहीं थी, आज उसके स्वागत में गाड़ियों का ऐसा काफिला खड़ा था कि हवेली का आंगन छोटा पड़ गया।

अर्जुन जब हवेली से विदा लेने लगता है, तो दादी उसके कान में झुककर एक ऐसी बात कहती हैं जो अर्जुन को स्तब्ध कर देती है। एक ऐसा राज, जो उसके माँ-बाप को घर से निकालने के पीछे छिपा

था। अर्जुन गाड़ी में बैठता है, पर उसकी नज़रें अब खिड़की के बाहर नहीं, बल्कि अपनी उस सुनहरी कलम पर जमी हैं। वह ड्राइवर से कहता है, "गाड़ी वापस दफ्तर की ओर ले चलो, अभी एक आख़िरी इंसाफ बाकी है।"

लेखक परिचय

जिजीविषा और शब्द-शिल्प के साधक: अर्जुन मौर्य

प्रयागराज की पावन ज्ञान-स्थली और हंडिया की उर्वर माटी के अंतर्संबंधों से उपजे अर्जुन मौर्य समकालीन साहित्य जगत में एक उभरते हुए 'शब्द-शिल्पी' हैं। उनका जीवन किसी पूर्व-नियोजित मार्ग का अनुसरण नहीं, अपितु स्वयं के पुरुषार्थ से निर्मित एक 'कठिन अन्वेषण' रहा है।

अभावों की भट्टी में तपे और संघर्ष की सान पर चढ़े अर्जुन के लेखन में वह नैसर्गिक पीड़ा है, जो केवल वही अनुभूत कर सकता है जिसने 'शून्य' को जिया हो। उनके शब्द कागज़ पर केवल स्याही नहीं, बल्कि उन 'अनकहे सत्यों' का दस्तावेज़ हैं जिन्हें उन्होंने बनारस की तंग गलियों से लेकर हंडिया के चौपालों तक संकलित किया है।

लेखन की इस यात्रा में उन्होंने न केवल "आधी रात का सूरज" जैसी मर्मस्पर्शी कृतियों का सृजन किया, बल्कि "वेक अप: नाउ ऑर नेवर" और "फ़र्श से अर्श तक का सफ़र" जैसे विचारोत्तेजक ग्रंथों के माध्यम से वैचारिक चेतना को भी स्वर प्रदान किया है। उनकी लेखनी केवल कथा वाचन तक सीमित नहीं है, अपितु यह एक 'सांस्कृतिक और वैयक्तिक पुनरुत्थान' का शंखनाद है।

"शब्द जब संकल्प बन जाते हैं,

तो काल की गति भी ठहरकर उनका सम्मान करती है।"

www.ingramcontent.com/pod-product-compliance
Lightning Source LLC
Chambersburg PA
CBHW050015170726
48282CB00025B/409
* 9 7 8 9 3 5 8 1 2 5 4 5 0 *